新时代跨境电子商务创新与实践系列教材

跨境电子商务营销与服务

总主编 贾如春
主　编 杨　进　李柳君　邓海涛
副主编 诸葛榕荷　韦施羽　付咸瑜　董俊麟

清华大学出版社
北京

内 容 简 介

本书详细介绍跨境电子商务营销与服务的相关知识和专业技能，内容紧密围绕跨境电子商务营销与服务工作的流程，系统讲解国际市场调研与竞品分析、营销型网站策划与 SEO、搜索引擎广告、跨境电子商务社会化媒体营销、跨境电子商务邮件营销、阿里巴巴 B2B 营销平台、跨境电子商务服务链、跨境电子商务营销趋势等内容，并用图文并茂的方式详细解读不同海外媒体平台营销与服务的具体操作流程。

本书旨在培养跨境电子商务人员在商品销售中的营销与服务能力，并熟练运用海外各大网站、社交媒体、阿里巴巴 B2B 营销平台等开展相关工作，充分体现职业性、实践性，将教、学、做相结合，实现以读者为主体、以能力为本位的教学模式，有利于读者在有限的学习时间内掌握更多、更实用的专业技能。

本书可作为高等院校国际经济与贸易、电子商务、国际商务及相关涉外专业的教材，也可作为跨境电子商务从业者的参考书。

本书封面贴有清华大学出版社防伪标签，无标签者不得销售。
版权所有，侵权必究。举报: 010-62782989, beiqinquan@tup.tsinghua.edu.cn。

图书在版编目(CIP)数据

跨境电子商务营销与服务/贾如春总主编;杨进,李柳君,邓海涛主编.—北京:清华大学出版社，2024.1
新时代跨境电子商务创新与实践系列教材
ISBN 978-7-302-65262-5

Ⅰ.①跨… Ⅱ.①贾… ②杨… ③李… ④邓… Ⅲ.①电子商务—网络营销—教材 Ⅳ.①F713.365.2

中国国家版本馆 CIP 数据核字(2024)第 020886 号

责任编辑: 郭　赛
封面设计: 杨玉兰
责任校对: 韩天竹
责任印制: 丛怀宇

出版发行: 清华大学出版社
　　网　　址: https://www.tup.com.cn, https://www.wqxuetang.com
　　地　　址: 北京清华大学学研大厦 A 座　　邮　　编: 100084
　　社 总 机: 010-83470000　　邮　　购: 010-62786544
　　投稿与读者服务: 010-62776969, c-service@tup.tsinghua.edu.cn
　　质量反馈: 010-62772015, zhiliang@tup.tsinghua.edu.cn
　　课件下载: https://www.tup.com.cn, 010-83470236
印 装 者: 三河市铭诚印务有限公司
经　　销: 全国新华书店
开　　本: 185mm×260mm　　印　　张: 10　　字　　数: 199 千字
版　　次: 2024 年 2 月第 1 版　　印　　次: 2024 年 2 月第 1 次印刷
定　　价: 39.80 元

产品编号: 099530-01

新时代跨境电子商务创新与实践系列教材

编写委员会

主　任：贾如春
委　员：（按姓氏笔画排序）

王　冲	王　吉	王敏珊	王贵超	韦施羽	邓　茜	邓海涛	申　炜
付咸瑜	向晓岚	向琼英	庄爱玲	刘　轩	刘　潼	刘治国	刘盼盼
江　兵	孙志伟	杜雪平	李　岚	李成刚	李柳君	李晓林	李惠芬
杨　勤	吴岚萍	肖淑芬	肖　璟	潘金聪	何　婧	何智娟	宋　璐
张正杰	陈　方	陈佳莹	陈春梅	陈帅嘉	易　鑫	易建安	罗倩文
周　露	郑苏娟	郑应松	封永梅	柯　繁	钟　欣	钟雪美	段桂敏
祖　旭	胥蓓蕾	莫恬静	党　利	徐娟娟	高　伟	高　雪	郭　燕
诸葛榕荷	黄莹莹	黄善明	董俊麟	雷　瑞	廖　婕	廖品磊	
薛坤庆	贾泽旭						

专家委员会

主　任：帅青红
委　员：（按姓氏笔画排序）

马啸天	王　杨	王诗博	包攀峰	刘　忠	刘丁铭	刘立俪	刘永举
李　成	李　晖	李源彬	杨小平	吴庆波	陈梓宇	姚　松	徐　炜
徐　震	朗宏芳	秦秀华	曾德贵	蒲竞超	管永林	谭中林	

党的二十大报告提出"实施科教兴国战略,强化现代化建设人才支撑"。深入实施人才强国战略,培养造就大批德才兼备的高素质人才,是国家和民族长远发展的大计。为贯彻落实党的二十大精神,筑牢政治思想之魂,编者在牢牢把握这个原则的基础上编写了本书。

随着国际贸易的日益发展,跨境电子商务已得到越来越多人的认可。对于跨境电子商务的从业人员来说,运用各国的电子商务平台和媒体平台实现跨境电子商务的营销与服务,已成为从业必备的能力。只有充分了解各国网站与各大网络社交媒体的相关基础知识,熟练掌握跨境电子商务营销与服务的相关技巧,才能提高从业技能,获得长远的发展,从而提高自身的综合竞争力。

跨境电子商务营销与服务是一项政策性、专业性和实践性非常强的工作,涉及国家政策、法律法规以及国际贸易、经济政策等方面,并且处于不断变化和发展之中。随着国际贸易行业的不断发展,跨境电子商务的管理制度和操作规范也会随之完善。基于跨境电子商务的这一特点,本书结合我国有关跨境电子商务的相关法律法规和操作规范,系统讲解跨境电子商务营销与服务的流程,详细讲解国际市场调研与竞品分析、营销型网站策划与SEO、搜索引擎广告、跨境电子商务社会化媒体营销、跨境电子商务邮件营销、阿里巴巴B2B营销平台、跨境电子商务服务链、跨境电子商务营销趋势等的知识体系,从而帮助读者快速掌握跨境电子商务营销与服务的技巧。

本书特点:

(1) 内容翔实,语言流畅,图文并茂,突出实用性,并提供大量的业务流程图,较好地将学习与应用结合在了一起。内容由浅入深、循序渐进,适合各层次读者学习。

(2) 基于跨境电子商务的工作流程,系统介绍跨境电子商务营销与服务涉及的相关操作和技能,结构清晰,内容通俗易懂,使读者能够更加轻松地学习,从而提高学习效率。

(3) 大部分章节提供实践操作,让读者能够通过练习重新回顾所学知识,从而举一反三,为进一步学习做好准备。

（4）教学内容从易到难，由简单到复杂，内容循序渐进，基于企业工作过程，具有典型性和实用性。读者能够通过项目完成相关知识的学习和技能的训练。

本书的内容编排符合高校学生的认知规律，有助于实现有效教学，提高教学效率、效益、效果。本书由从事跨境电子商务及网络新闻传播业务研究的行业专家与任课教师共同编写而成，李柳君负责全书的设计与规划，温州商学院的白林淼、叶春庭、王皓等共同参与编写。

由于编者水平有限，故书中难免存在错误和不妥之处，敬请读者批评指正。

编 者

2023 年 11 月

目　录

第 1 章　国际市场调研与竞品分析 ································· 1
 1.1　外贸出口企业现状 ·· 1
  1.1.1　涉尽风涛,历遍险途,外贸已然走向成熟 ············· 2
  1.1.2　调查样本说明 ·· 3
  1.1.3　影响出口的最大因素:国际市场需求减弱、订单减少重回首位 ··· 4
 1.2　国际市场调研之市场分析 ·· 5
  1.2.1　出口最多的地区分布:欧盟超美国获"老大"头衔,东盟成"隐形冠军" ··· 5
  1.2.2　企业对主要市场出口预期悲观氛围浓厚 ············· 6
  1.2.3　2020 年出口规模和利润:"双下降"再次现身首位 ··· 8
  1.2.4　开拓国际市场的主要方式:电子商务平台首次成为第一选择 ··· 9
  1.2.5　化解成本压力:支持出口转内销,构建"双循环"发展格局 ··· 10
  1.2.6　为未来储备:持续打造自有品牌,赋能国际竞争力 ··· 10
  1.2.7　企业希望获得更多海外市场信息,尽量规避贸易风险 ··· 12
  1.2.8　跨越疫情沟壑,接纳外贸数字化转型 ················ 13
 1.3　国际市场调研及竞品分析 ······································· 13
  1.3.1　小红书 ·· 16
  1.3.2　洋码头 ·· 19
  1.3.3　考拉海购 ··· 20
  1.3.4　总结 ··· 21

第 2 章　营销型网站策划与 SEO ····································· 24
 2.1　外贸营销网站策划 ·· 24
  2.2.1　外贸营销网站建设存在的问题 ······················· 25
  2.2.2　外贸营销网站的策划雷区 ······························ 26

     2.2.3 外贸营销网站的策划技巧 ……………………………… 27
  2.2 搜索引擎营销基本概念 ………………………………………… 31
     2.2.1 搜索引擎认知 …………………………………………… 31
     2.2.2 搜索引擎营销认知 ……………………………………… 32
  2.3 认识 SEO …………………………………………………………… 35
     2.3.1 搜索引擎优化的定义 …………………………………… 35
     2.3.2 搜索引擎优化的策略 …………………………………… 36
     2.3.3 搜索引擎优化目前的问题 ……………………………… 37
  2.4 SEO 的核心——关键词 ………………………………………… 38
     2.4.1 关键词的重要性 ………………………………………… 39
     2.4.2 关键词的设置 …………………………………………… 40
     2.4.3 关键词的确定 …………………………………………… 42

第 3 章 搜索引擎广告 …………………………………………………… 46
  3.1 Google Ad Words 概述 ………………………………………… 47
     3.1.1 常见的 Google 广告 …………………………………… 47
     3.1.2 Google Ad Words 运作模式及关键字广告收费方式 …… 48
  3.2 关键词和关键词定位 …………………………………………… 49
     3.2.1 关键词与匹配方式 ……………………………………… 49
     3.2.2 Google Ad Words 特色 ………………………………… 50
  3.3 Google Ad Words 账户设置 …………………………………… 51
     3.3.1 Google Ads 账户注册 …………………………………… 51
     3.3.2 Google Ads 账户设置 …………………………………… 51
  3.4 Google Ads 账户后台设置 ……………………………………… 53
  3.5 撰写高关联度的广告文案 ……………………………………… 60
     3.5.1 撰写独特、高关联的广告文案 ………………………… 60
     3.5.2 成功的广告文案 ………………………………………… 60

第 4 章 跨境电子商务社会化媒体营销 ……………………………… 61
  4.1 海外社会化媒体的价值 ………………………………………… 61
  4.2 社会化媒体营销 ………………………………………………… 62
  4.3 Twitter 营销 …………………………………………………… 64
     4.3.1 什么是 Twitter 营销 …………………………………… 64

	4.3.2	Twitter 营销案例一	64
	4.3.3	Twitter 营销案例二	65
	4.3.4	在 Twitter 做好中国品牌的宣传	66
4.4	Facebook 专页推广	66
4.5	LinkedIn 营销	67
	4.5.1	LinkedIn 广告教学	67
	4.5.2	LinkedIn Adcopy 广告格式	69
	4.5.3	LinkedIn 广告收费模式	70
4.6	博客营销	71
	4.6.1	什么是博客营销	71
	4.6.2	博客营销的优点	71
	4.6.3	博客营销的弊端	71
	4.6.4	博客营销的技巧	72
	4.6.5	博客营销的总结	73
4.7	新型社交网络平台	73

第 5 章 跨境电子商务邮件营销　77

5.1	EDM 客户开发	77
5.2	高效 EDM 营销	78
5.3	EDM 推广技巧	79

第 6 章 阿里巴巴 B2B 营销平台　81

6.1	阿里巴巴国际站前台	81
6.2	阿里巴巴国际站后台	84
6.3	产品发布	86
	6.3.1 产品发布准备	86
	6.3.2 产品发布流程	87
6.4	关键词解析	89
6.5	产品标题设置	89
6.6	产品详情设置	89
6.7	旺铺装修	91
6.8	RFQ	92
6.9	多语言市场	92

6.10　P4P 基础操作 ··· 96

第7章　跨境电子商务服务链 ·· 99

7.1　跨境电子商务服务的背景 ·· 99
  7.1.1　跨境电子商务起源与发展 ·· 99
  7.1.2　国家跨境电子商务政策红利陆续出台 ························ 102
  7.1.3　中国跨境电子商务行业八大政策 ····························· 109
7.2　跨境电子商务服务的机会 ·· 112
  7.2.1　电子信息技术不断进步 ··· 113
  7.2.2　跨境电子商务平台持续高速发展 ····························· 113
  7.2.3　移动终端购物模式逐渐普及 ·································· 114
7.3　跨境电子商务服务的类别 ·· 114
  7.3.1　当下的跨境电子商务类型 ····································· 115
  7.3.2　跨境电子商务的运作模式 ····································· 117
7.4　主要跨境电子商务服务分析 ··· 122
  7.4.1　选择一个跨境平台集中资源投入，切忌广撒网模式 ······· 122
  7.4.2　阿里速卖通 ··· 122
  7.4.3　亚马逊 ··· 123
  7.4.4　eBay ·· 123
  7.4.5　Wish ·· 124
  7.4.6　对于跨境产品的选择应该考虑的 ····························· 125
  7.4.7　跨境电子商务团队的建立 ····································· 125
  7.4.8　系统化的跨境电子商务人才培训 ····························· 125
7.5　对跨境电子商务服务市场的看法 ····································· 125
  7.5.1　中国跨境电子商务经济环境总体经济增速平稳，发展健康 ······ 125
  7.5.2　中国跨境电子商务社会环境居民消费意愿提高，消费需求
     稳步释放 ·· 127
  7.5.3　跨境电子商务技术环节、新技术或将解决行业痛点 ······ 128
7.6　给跨境电子商务服务的 7 点建议 ····································· 129
  7.6.1　政策法规方向 ·· 130
  7.6.2　企业发展方向 ·· 130
  7.6.3　人才培养方向 ·· 132
  7.6.4　品牌形象方向 ·· 133
  7.6.5　服务建设方向 ·· 133

  7.6.6 国际视野方向 ·· 134
  7.6.7 行业整合方向 ·· 135

第8章 跨境电子商务营销趋势 ··· **136**

 8.1 三浪叠加孕育历史机遇,国货出海迎来新格局 ······································· 136
  8.1.1 三浪叠加孕育国货出海历史机遇 ··· 136
  8.1.2 人才红利接力人口红利,中国制造竞争力不断提升 ························· 137
  8.1.3 需求增长来源于产品的创新及迭代加速 ······································ 140
  8.1.4 电子商务平台提升商家与消费者沟通效率,突破场景
     局限拓展价值 ·· 141
 8.2 跨境平台:行业百花齐放,长期集中度提升 ·· 142
  8.2.1 平台型电子商务、品牌独立站百花齐放 ······································ 142
  8.2.2 出口电子商务市场竞争格局分散,市场集中度有望
     进一步提升 ··· 143
  8.2.3 搜索、社交红利期褪去,龙头电子商务占据流量入口 ····················· 143
  8.2.4 跨境进口竞争格局稳定,淘系是跨境进口龙头 ····························· 145
 8.3 跨境卖家:打造垂直精品电子商务,构筑核心竞争力 ······························· 146
  8.3.1 打造产品力、渠道力、品牌力,垂直精品电子商务走出
     同质化竞争困境 ·· 146
  8.3.2 大赛道下的精耕细作,打造自身产品力 ······································ 146
  8.3.3 独立站:精细化营销打造渠道力与品牌力 ·································· 147

第 1 章 国际市场调研与竞品分析

知识导读

跨境电子商务作为推动经济一体化、贸易全球化的技术基础,具有非常重要的战略意义。跨境电子商务不仅冲破了国家间的障碍,使国际贸易走向无国界贸易,也正在引起世界经济贸易的巨大变革。对企业来说,跨境电子商务构建的开放、多维、立体的多边经贸合作模式极大地拓宽了进入国际市场的路径,大大促进了多边资源的优化配置与企业间的互利共赢;对于消费者来说,跨境电子商务使他们可以非常容易地获取其他国家的商品信息并买到物美价廉的商品。

知己知彼方能百战百胜。在研究跨境电子商务之前,从全局战略和未来发展的角度来说,有必要对外贸出口企业的现状进行望闻问切,深入调查才能理解目前的国际市场;其次要对国际市场进行调研,包括两个主要方面:市场分析与竞品分析。

学习目标

- 了解跨境电子商务
- 了解外贸国际市场
- 了解外贸国际市场的竞品分析

能力目标

- 熟悉外贸市场的市场分析能力
- 掌握国际市场的竞品详情

1.1 外贸出口企业现状

跨境电子商务是指分属不同关境的交易主体通过电子商务平台达成交易、进行支付结算,并通过跨境物流送达商品、完成交易的一种国际商业活动。随着经济全球化的发展,世界各国之间的贸易往来越来越频繁,消费者足不出户就能轻松"全球购",享受来自世界各地的优质产品。

近年来,我国跨境电子商务行业取得了蓬勃发展,跨境电子商务已经成为我国对外贸易新的发展趋势,成为我国商务交易市场新的热点,同时给电子商务行业带来了新的发展方向。通过互联网和国际快递等相关服务,跨境电子商务开启了无国界的网购大门,实现了商品的跨国销售。

1.1.1　涉尽风涛,历遍险途,外贸已然走向成熟

自2008年全球金融危机之后,我国外贸一直在复杂的国际贸易环境、全球经济衰退和需求不振中发展,表现出很强的韧性。以2009年历史低点为转折点,2010年强势反弹之后,我国外贸进入震荡通道之中:2015年,因连续几年全球需求疲软,我国外贸进出口额也处于相对低位;2016年,外贸进出口压力较大,在增长与下降之间胶着;2017年是外贸企业信心恢复的关键年,外贸出口额和进口额从"双降"转为"双升";2018年,我国进出口总额突破30万亿元,出口额和进口额均实现较快增长;2019年,外贸延续了"稳中提质"的主基调,实现了稳定增长,民营企业成为第一大外贸主体(见图1-1)。

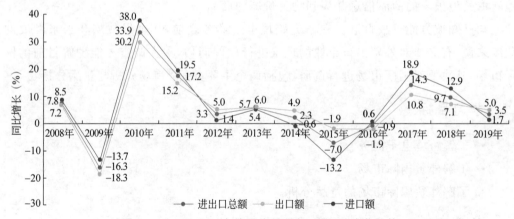

图 1-1　2008—2019 年我国外贸进出口额同比变化趋势

在反弹与下降之间,外贸每次都受到重要因素的影响,如需求减少、贸易摩擦加剧、贸易壁垒增多等,但最关键的是这些因素背后由各国经济基本面共同支撑的全球贸易基本面的健康程度。

在疫情造成的重重压力之下,2020年,我国外贸又呈现出一番"别样"景象,给前几年"稳外贸"成果的可持续性带来了挑战。不过,将2020年放在这样一条清晰的外贸发展脉络中看,疫情将成为一个"小插曲",它终将难挡外贸高质量发展的光明大道。我国及时实施一系列"稳外贸"措施、跨境电子商务等外贸新业态对出口支撑作

用明显、东盟成为我国第一大贸易伙伴、"一带一路"沿线贸易快速增长,以及民营企业成为"稳定器"、外贸数字化提速等,都为我国外贸的复苏注入了能量。据海关总署数据显示,2020年1~7月,我国外贸回稳向好、好于预期,其中,7月出口同比增长10.4%,连续4个月实现正增长。

2020年,因出现不可抗力因素,外贸企业面临了更加错综复杂的生存环境。为了解外贸企业的生存实况,《进出口经理人》杂志第9次发起并完成"外贸企业生存现状调查",调查期为2020年4月15日至8月15日。从调查结果看,与往年相比,外贸企业的选择排序出现较大程度的"洗牌",一些调查项排名明显前移,如企业对国际市场需求减弱、订单减少及贸易风险加大的关注度普遍提高;与2019年的调查结果相比,外贸企业对出口预期的期望值普遍不乐观,"下降"成为关键词;面对国际市场风险的不断增加,外贸企业更加注重研发投入和创新升级,积极开拓"一带一路"沿线新兴市场,运用跨境电子商务、数字化营销等新业态、新模式推动贸易发展,表现出顽强的生命力。

1.1.2 调查样本说明

本次调查共收到582家外贸出口企业的反馈。分行业看,机电行业企业最多,占44.8%,比2019年提高9.5个百分点;轻工行业企业排在第2位,占20.7%,比2019年提高1个百分点;接着是纺织服装行业企业占10.3%,五矿化工行业企业占8.6%,食品土畜行业企业占6.9%,医保行业企业占3.4%,其他行业企业占5.2%(见图1-2)。

在历年调查中,生产型企业都是最大的样本类型。在本次被调查企业中,生产型企业仍然最多,占62.1%,比2019年(49.7%)大幅提高12.4个百分点;服务型企业占19%,相比2019年(29.5%)下降幅度较大;流通型企业占15.5%,比2019年下降2.4个百分点(见图1-3)。

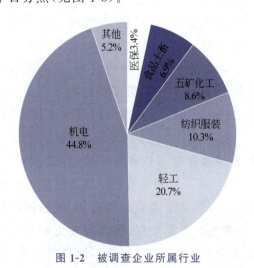

图1-2 被调查企业所属行业

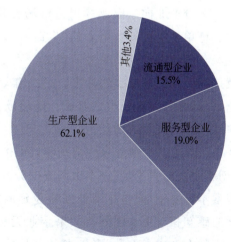

图1-3 被调查企业类型

1.1.3 影响出口的最大因素：国际市场需求减弱、订单减少重回首位

本次调查结果显示，"影响出口的最大因素"的各调查项排序出现"大洗牌"，这在本调查发起的9年期间尚属首次。"国际市场需求减弱、订单减少"打破过去3年"成本上升"独占第1名的局面以35.3%的比例拔得头筹，比2019年大幅提升16.9个百分点。与此同时，与2019年相比，"与周边国家竞争压力加大"从第6位一举上升到第2位，"贸易风险加大"从第5位上升到第3位(见图1-4)。

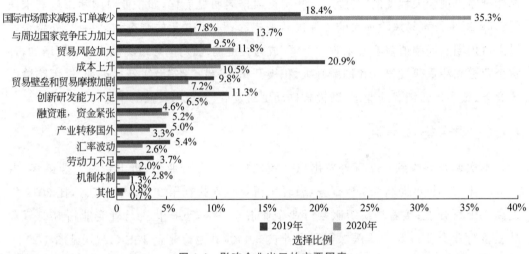

图1-4 影响企业出口的主要因素

这3个调查项排序前移反映了疫情对国际贸易市场造成了严重冲击。第一，外贸企业出口受阻，国外订单明显减少，企业经营压力倍增；第二，疫情直接导致贸易风险加大，进口商取消订单、无法顺利收回货款等问题较为突出；第三，疫情在一定程度上加剧了部分产业向东南亚等周边市场转移，使外贸企业感到更大的周边国家竞争压力。订单是实体外贸企业的"生命线"，没有订单，就没有生存的"粮食"，其他一切相关经营活动也就几乎失去了意义。从2018年美国挑起贸易摩擦开始，我国外贸企业就持续受到订单减少的冲击。2020年，疫情更是重磅一击，除了医疗相关产品出口大增，大部分出口企业生意难做。随着欧洲、东南亚、日本、韩国等疫情的总体好转，订单有一定的恢复或增长。

由于以上3个调查项强势前移，2019年分别排在第2位和第3位的"成本上升"和"创新研发能力不足"在本次调查中分别下滑至第4位和第6位。这并不是说这两个因素不重要了，而是在国外疫情蔓延的情况下，外贸企业对订单减少、贸易风险等因素的感知相对更加强烈。如果企业无法正常生产甚至生存，那么研发更是无从谈起。实际上，"成本上升"多年来一直是外贸企业发展的一大"顽疾"，原材料成本、用工成本、融资成本等持续上升已经严重挤压了企业的利润空间，这也是部分产业转移

到成本"低洼"国家的原因之一。我国高度重视企业的减税降费诉求,出台了不少有针对性的措施,在一定程度上缓解了企业的压力。不过,疫情也会带来新的成本,如国际货运物流价格提升、应季商品滞销等。

相比2019年,本次调查中"融资难、资金紧张"与"汇率波动"调查项互换位置,前者上升至第7位,后者从第7位下降至第9位。尽管多年来国家鼓励金融机构进行融资产品创新,特别是针对中小企业推出相关产品,但是融资难仍是企业面临的长期难题,未有明显改观。工厂不运转,资金链将更加脆弱,这充分体现在此次疫情中。国民经济环环相扣,2020年2月和3月,经济活动减少,生产制造几近停摆,以实体经济为支撑的金融行业必然受到"牵连"。加之疫情导致企业破产风险增大,银行等金融机构放款更加谨慎。

另外,2017—2019年,"贸易壁垒和贸易摩擦加剧"调查项凸显,基本保持在第4位或第5位,本次调查排在第5位。国际贸易发展进入深度竞争时代,以中国为代表的发展中国家在贸易格局中的地位越来越重要,高科技、高附加值产品的出口比例不断提升,引起了以欧盟、美国为代表的发达市场的忌惮,近几年频频设置贸易壁垒,导致贸易摩擦明显加剧。在全球价值链中,中高端竞争浮出水面,我国外贸企业需要学习更多深度竞争的规则和自我保护的方法,这同时需要国家发出更大的声量,减少企业参与全球竞争时的后顾之忧。

1.2 国际市场调研之市场分析

1.2.1 出口最多的地区分布:欧盟超美国获"老大"头衔,东盟成"隐形冠军"

从连续多年的调查结果看,美国、欧盟和东盟始终是我国外贸企业选择出口最多的三大地区,其中,美国和欧盟你追我赶,一直"霸占"前两位。2018年,欧盟超过美国成为我国企业选择出口最多的地区。在2019年的调查中,美国再超欧盟,站上第1名。2020年,欧盟反超美国,夺回第1名的宝座(见图1-5)。东盟多年牢牢守住第3名的位置,悄然积蓄贸易力量,已具有"排名超越"的基础。

事实上,从进出口额看,东盟已经实现超越。在2019年中美贸易摩擦期间,东盟超越美国成为我国第二大贸易伙伴;在2020年疫情间隙,东盟超越欧盟晋升为我国第一大贸易伙伴,截至2020年7月已经保持5个月。在两年时间内,东盟"两级跳",在我国贸易结构中占据的地位愈发凸显。从另一个角度来说,东盟于"乱世"中获得了实实在在的好处。2020年以来,在欧洲、美国、拉丁美洲等大部分市场经济和贸易明显下滑的情况下,中国与东盟之间的贸易额却实现了逆势增长,成为世界贸易中的一匹"黑马"。"东盟超越"是我国外贸企业市场布局优化的一个珍贵缩影,未来潜力仍

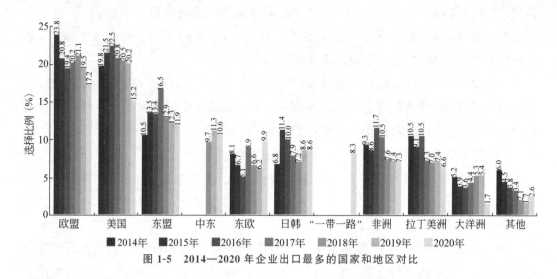

图 1-5　2014—2020 年企业出口最多的国家和地区对比

中美之间的贸易依照巨大的惯性向前滑动。一是外贸企业层面的惯性。多年来,美国是我国外贸企业重要的传统出口市场之一,即使近几年受美国加征关税等因素影响,出口开始不顺畅,外贸企业却无法在短期内迅速减少对美国市场的依赖。企业开拓国际市场并不是一件容易的事情,可能需要经历十几年的打拼才能在美国当地站稳脚跟。因此,一下抽离出来也并不现实。另外,企业找到并培育合适的替代市场也需时日。二是国家贸易关系层面的惯性。美国市场的消费能力有目共睹,它所运转的经济"火车头"在世界经济中占据重要地位,作为贸易大国的中国,也不得不重视这样一个大市场。虽然近年来我国与"一带一路"等新兴市场贸易规模不断增加,但与美国之间的贸易惯性在相当长的一段时间内还会强劲存在。2020 年 1～7 月,我国对美贸易额再次下滑,其中出口额同比下滑 7.3%,进口额同比下滑 3.5%。

在本次调查中,另外两匹"黑马"——中东和东欧也值得关注。其中,中东自 2018 年成为调查项起,便排在东盟之后,占据第 4 名的位置,至今已经保持 3 年;东欧多年排在靠后的位置,2020 年突然前移到第 5 名(2019 年排在第 9 名),排在日韩市场之前。中东和东欧是"一带一路"沿线市场的典型代表,反映了外贸企业对新兴市场的开发力度不断加大。另外,本次首次加入"一带一路"市场总调查项,排在日韩之后。

1.2.2　企业对主要市场出口预期悲观氛围浓厚

在"未来一年企业对主要市场的出口预期"调查项中,相比 2018 年和 2019 年,2020 年的调查结果显示,企业选择"下降"的比例在所有被调查市场中均大幅提升且排在第1位,选择"持平"和"增长"的比例均下降,分别排在第2位和第3位。其中,北美市场预期"下降"的选择比例最高,达74.2%,比2018年和2019年分别高30.8个百分点和37.4个百分点;接着是拉丁美洲市场预期,选择比例为69%。近几年,企业对北美和拉丁美洲市场的出口预期均比较悲观。从所有被调查市场总体来看,2018年,"持平"主导了企业的选择,同时"增长"有一定的空间;2019年,"下降"风头更胜,"持平"退居二线,"增长"则乏力;2020年,"下降"彻底主导了企业选择(见图1-6)。对比3年的调查结果可以看出,2018年和2019年,企业对大部分市场的出口预期都更加谨慎,而2020年已上升为悲观情绪。

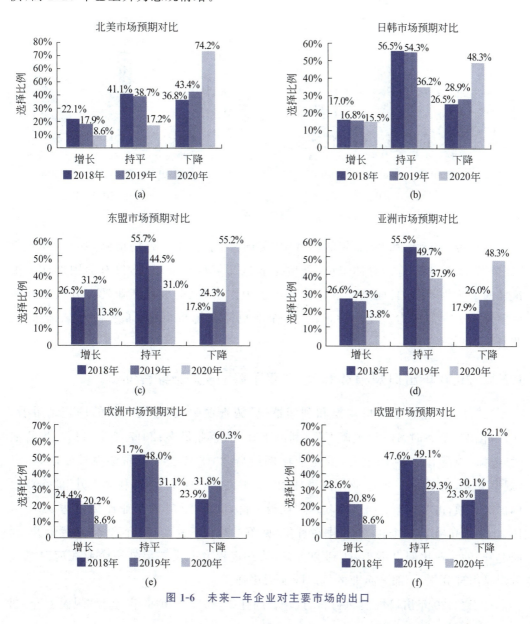

图1-6 未来一年企业对主要市场的出口

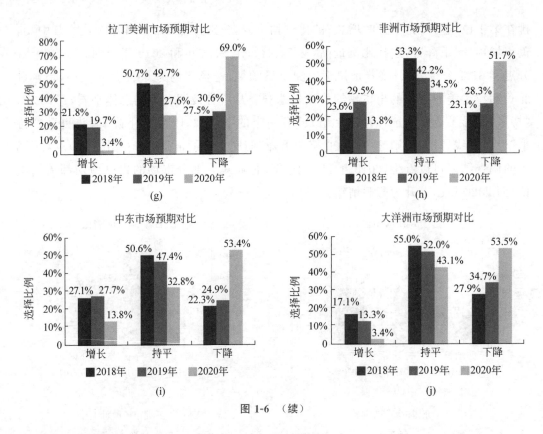

图 1-6 （续）

如果说 2018 年和 2019 年的调查中"美国"因素主导了市场情绪,那么 2020 年"疫情"因素略胜一筹。总体来说,外贸企业这几年步步艰难,不仅有美国加征关税这样的人为因素,而且面临疫情这种不可抗力因素,更有来自产业转型升级和外贸数字化等方面的压力。在这种情况下,企业更需要解析自己、了解别人,把握时代节奏,尽量修炼内功。

1.2.3　2020 年出口规模和利润:"双下降"再次现身首位

在"过去一年企业出口规模和利润情况"调查项中,从连续 5 年的调查结果看,2016 年出口低谷时,选择"规模下降,利润下降"的企业最多;2017 年出口信心恢复之时,选择"规模上升,利润上升"的企业比例最高;2018 年受中美贸易摩擦影响,选择"规模下降,利润下降"的企业比例最高;2019 年,选择"规模上升,利润上升"的企业比例再次登顶,占 25.4%;2020 年,选择"规模下降,利润下降"的企业比例高达 32.8%,比 2019 年高出 10.3 个百分点,排在首位(见图 1-7)。不过,2020 年选择"规模上升,利润上升"的企业比例也不小,达到 20.7%,从一定程度上反映出外贸企业在应对突发风险时出现分化,一部分企业的抗风险能力更强。

对于"2020 年出口规模和利润的预期"调查项,2017—2019 年,选择"规模上升,利润上升"的企业比例均为最高,而 2020 年形势大转,选择"规模下降,利润下降"的企业比例高达 62.1%,比 2019 年大幅提升 34.9 个百分点,这在多年调查中属于首次。接着是"规模持平,利润持平",企业选择比例为 12.1%(见图 1-8)。总体来看,企业对 2020 年自身出口规模和利润的预期比较悲观。

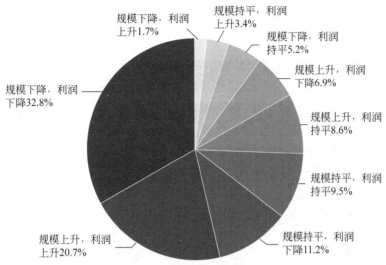

图 1-7　2020 年企业出口规模和利润情况

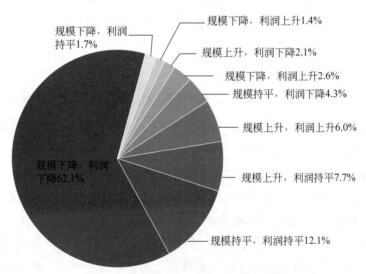

图 1-8　企业对 2020 年出口规模和利润

1.2.4　开拓国际市场的主要方式:电子商务平台首次成为第一选择

从连续多年的调查结果看,"参加展览"始终在外贸企业开拓海外市场的主要方式中占据第 1 名的位置,但在 2020 年的调查中,这一地位被"电子商务平台"的方式撼动,退居第 2 位,企业选择比例为 29.8%,比 2019 年下降 5.1 个百分点;而本次"电子商务平台"方式的企业选择比例为31.3%,连续4年呈上升趋势。在2020年疫情之下,大多数国际展览无法在线下正常举办,加之国外疫情蔓延导致商务人员出国困难,因此选择"参加展览"调查项的比例有所下降。与此同时,跨境电子商务成为外贸新的增长点,较好地支撑了2020年以来我国外贸进出口回稳向好,为"稳外贸"做出了突出贡献。另外,依托国外大型经销商的选择比例也有明显上升,比例为21.4%,比2019年提高3.6个百分点(见图1-9)。

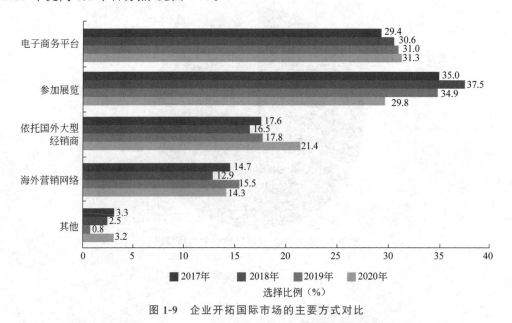

图1-9 企业开拓国际市场的主要方式对比

1.2.5 化解成本压力:支持出口转内销,构建"双循环"发展格局

从过去连续多年的调查结果看,企业化解出口成本上升压力的方式基本没有变化,排在前3位的调查项一直是"调整产品结构""技术改造""加强管理"。但在本次调查中,"加强管理"调查项排名大幅下滑3位,排在第6名;而"通过谈判让国外进口商分担""向上游企业压价"以及"减少出口、扩大内销"整体前移,分别排在第3位、第4位和第5位;"调整产品结构"和"技术改造"仍然保持前两名(见图1-10)。

在疫情中,外贸企业经营压力凸显,通过谈判让国外买家分担和向上游企业压价是比较直接的缓解成本压力的方式,因此排名上升。而减少出口、扩大内销成为现实选择。在出口转内销方面,国家于2020年6月专门出台了相关实施意见,支持适销对路的出口产品进入国内市场,帮助外贸企业渡过难关。"构建国内国际双循环相互促进的新发展格局"的提出,也为外贸企业提供了新的市场空间。

1.2.6 为未来储备:持续打造自有品牌,赋能国际竞争力

从2014—2020年连续7年的调查结果看,选择拥有自主品牌的企业占比一直在

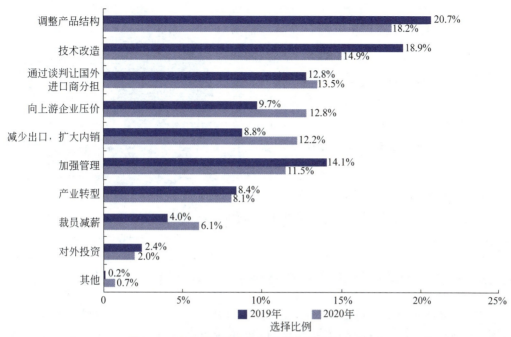

图1-10　企业通过哪些方式化解出口成本上升压力

提升,分别是40%、45%、47%、48%、51%、53%、55%(见图1-11)。随着我国外贸向纵深发展且鼓励创新和技术研发,特别是近几年我国一些知名企业在国际市场遭受"围追堵截"形成的效应,预计这一趋势还会继续扩大。

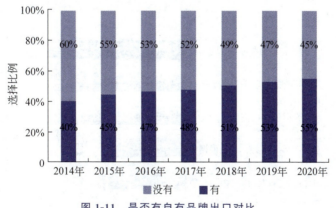

图1-11　是否有自有品牌出口对比

在2020年"自有品牌占出口额的比重"调查中,选择自有品牌出口额比重超过50%的企业最多,达到42.1%,略低于2018年;选择自有品牌出口额比重在10%~50%(含)之间的企业占比为31.6%;选择自有品牌出口额比重少于10%的企业占比为26.3%(见图1-12)。

拥有获得市场认可的自有品牌意味着拿到了参与国际市场中高端领地竞争的

第1章　国际市场调研与竞品分析

"王牌"。国际贸易发展到一定阶段,企业对全球价值链和供应链中高端位置的争夺将更加激烈,竞争将更加残酷。过去靠贴牌生产就能轻松获取贸易红利的日子一去不复返,外贸企业只有自己有了核心技术或产品,才能在国际市场与人较量,摆脱受制于人的境地。近几年,美国针对我国企业设置种种限制,侧面暴露了我国某些关键领域尚缺乏核心技术的现实。打造技术,储备未来,在国家政策的支持下,相信我国将有更多企业推出具有核心技术的自有品牌。

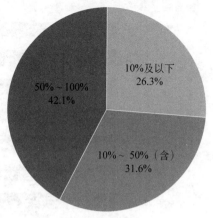

图 1-12　2020 年自有品牌占出口额的比重

1.2.7　企业希望获得更多海外市场信息,尽量规避贸易风险

在"外贸企业希望得到哪些支持"方面,2020 年 7 个调查项的调查结果与 2019 年一致,外贸企业最希望得到的支持仍然是"提供更多的海外市场信息",接着是"改善外贸企业融资环境"和"提供出口信用保险",选择比例分别为 26%、22.5% 和 19.7%,均比 2019 年有所提升。另外,"加强对外宣传,树立中国形象"的企业选择比例较 2019 年提高 2.4 个百分点(见图 1-13)。在主要由疫情和"美国因素"造成的复杂贸易环境下,外贸企业迫切需要获取一手的海外市场信息,以便及时调整生产和出口策略,规避贸易风险。

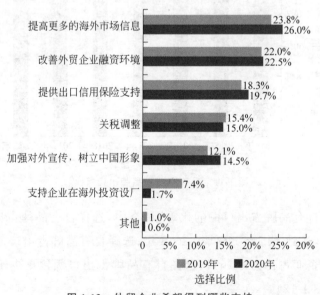

图 1-13　外贸企业希望得到哪些支持

1.2.8 跨越疫情沟壑,接纳外贸数字化转型

2020年,外贸企业注定要与疫情斗智斗勇。因疫情影响范围较大,本次调查加入了相关调查项。"订单减少"是企业反映最突出的问题,选择比例为26.7%;接着是"原材料供应不畅""物流货运受阻""现金流紧张""用工困难",选择比例分别为23.8%、20%、17.1%和10.5%(见图1-14)。

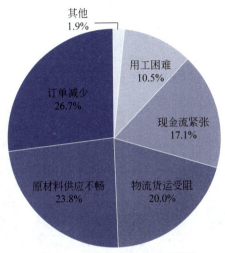

图1-14 疫情对企业出口的影响

任何事情都有两面性,外贸企业因疫情遭受了损失,但从某种程度上说,疫情也加快了外贸数字化进程,让更多企业加速融入这些年由数字化技术打造的线上世界。数字化的外衣固然好看,但更为动人和关键的是打造数字化的内核。以2020年第127届广交会线上举行为时间节点,期待外贸企业全面拥抱数字化。

2020年以来,国家密集推出"稳外贸"措施,涉及提高出口退税率、降低通关成本、促进外贸运输便利化、支持出口产品转内销等多方面。2020年8月,国务院办公厅印发《关于进一步做好稳外贸稳外资工作的意见》发布,再次推出15条措施,持续为"稳外贸"加码。在国家政策支持之下,当前外贸已现好转迹象。过去20多年,我国外贸企业创造过辉煌,也经历过险滩暗礁,这些终将沉淀为一份定力,相信外贸企业能够书写好"生存"这一命题,并为未来蓄力。

1.3 国际市场调研及竞品分析

随着我国经济的持续发展,人民生活水平的提高以及国家相关政策的支持,我国的国际贸易持续发展,海外品牌商与我国的贸易往来也越来越频繁。由于中国巨大的市场给海外品牌商带来了巨大的商机,因此海外的商家都极力地想将产品销往中

国市场。

海外品牌商产生强烈的出口需求后,若想将其商品通过跨境电子商务的形式销售到其他国家,一般采取以下方式。

1. 平台型 B2C 方式

由图 1-15 中的数据可知:2019 年,我国 B2C 的交易规模为 5.3 万亿元,2022 年突破 7 万亿元;同时 B2C 在网络购物中的市场份额占比达到 54.9%,且一直保持逐年增加的趋势。

图 1-15　2014—2021 年中国网络购物 B2C 市场交易规模

平台型 B2C(Business to Customer)是指电子商务企业提供交易平台,商家通过入驻平台的方式在平台上开店销售。平台类网站对接的一方是国外的品牌商、零售商或者代理商,另一方是国内的消费者。平台为入驻商家提供展示、营销和支付等服务,自身不进行商品的采购、仓储和运输。

这种方式下,平台的盈利来源主要为佣金及广告费,如我国的淘宝商城就是这种模式。海外品牌商可以通过这种方式扩展其跨境电子商务业务的发展。

1) 优点

- 海外品牌商可以利用平台的现成流量以及平台的知名度吸引线上用户。
- 平台由第三方开设,十分安全。
- 海外品牌商通过支付一定的费用入驻平台,相比线下传统销售方式节省了成本。

2) 缺点

- 因为平台上入驻的商家很多,因此,早期入驻的商家在一定程度上占据较大优势,商家之间的竞争很激烈。
- 平台型 B2C 只能为企业带来"普遍试用性服务",并不能根据入驻商家的特点提供个性化服务,也不能为入驻商家提供精准定位的目标群体和针对性营销。

2. 传统线下实体店销售

海外商家也可在目标国开设旗舰店,直接采取自营线下销售的模式。该模式无须借助网络电子商务平台,而是采取传统的线下销售交易模式。

1) 优点

- 保证产品的真实体验。门店能够让消费者更加真实地了解产品,这一点是电子商务无法取代的。
- 人人之间的信任感,面对面的信任感是互联网解决不了的。
- 有一些店内的服务,这也是互联网无法提供的。

2) 缺点

- 渠道高维:价格没有竞争力。

传统做生意和电子商务在竞争上的最大硬伤就是价格,电子商务价格低,这是因为传统商业是五维的,从企业到总代理、分区代理、分销商、终端网点,其中的每一层都要赚钱,而电子商务直接和企业对接,价格当然比传统线下销售更低。

- 成本更高:客流减少,相关管理成本反而增加。

在电子商务行业的快速发展下,越来越多的消费者采取网上购物的形式,线下店的客流大幅降低,不论是商场、商圈,都面临着同样的情况。但租金与人力资源成本却逐年上升,这给线下传统销售带来了巨大的冲击。

3. 消费者

消费者对海外商品的需求呈现上升趋势,消费者通常采取以下措施满足其需求。

1) 个人代购

个人代购是指托人在国外购买特定的商品并携带回国,或者通过快递运送回国。代购人大多为亲朋好友或熟人推荐,一般会得到一定的代购费。这种方式简单经济,但也存在较多的痛点。一是货源价格高,一般找私人代购只能拿到零售价,找代理商又有质量风险;二是物流风险,由于未履行报关手续,在进关时可能被海关扣押;三是售后风险,一旦商品出现问题,很难通过正规渠道进行退换货。

2) 海淘

海淘是指顾客通过互联网获取国外商品信息,然后通过电子订单发出购物请求,由国外购物网站(如亚马逊)通过国际快递发货,或由转运公司代收货物再转寄回国。

相对于代购,海淘更能保证产品的质量,而且价格更低。海淘的主要弊端有三点:

- 购物体验差,要用到外文网站;

- 物流时间长,而且可能需要自己联系转运公司;
- 国外网站售后没有足够的保障。

面对跨境电子商务这个快速增长的赛道和风口,国内市场也涌现了大量的参与者。在跨境电子商务行业做得较好的品牌有小红书、洋码头、考拉海购等企业,笔者将重点对小红书、洋码头、考拉海购的发展历程、商业模式及创新点进行分析。

1.3.1 小红书

2013年6月,小红书创建于上海,同年12月推出海外购物分享社区。

2014年3月,小红书完成数百万美元的A轮融资,同年8月小红书Android版本上线。

2014年11月,小红书完成GGV领投的千万美元级B轮融资;2014年12月,小红书正式上线电子商务平台"福利社",从社区升级电子商务,完成商业闭环;2014年12月,小红书发布全球大赏,获奖榜单被日韩免税店及海外商家广泛使用,成为出境购物的风向标。

2015年年初,小红书郑州自营保税仓正式投入运营;2015年5月,零广告下,小红书福利社半年销售额破2亿元;2015年6月,小红书深圳自营保税仓投入运营,保税仓面积在全国跨境电子商务中排名第二。

2016年1月17日,腾讯应用宝正式发布2015"星APP全民榜",小红书摘得时尚购物类年度最具突破应用殊荣;2016年下半年,小红书拓展了第三方平台和品牌商家,全品类SKU快速成长。

2018年5月31日,小红书发布内部信息,宣布完成超过3亿美元的财务融资,公司估值超过30亿美元。

2019年1月,小红书用户突破2亿。

1. 小红书商业模式要素分析

作为"社区＋电子商务"战略的成功先行者,小红书的迅猛发展证实了其商业模式的可行性。

小红书的商业模式可以概括为"社区＋电子商务C2B模式",其中社区集合了销售商并筛选出其中较为主要的需求首先进行满足,体现了C2B的理念。下面以价值主张、核心资源、关键流程、盈利模式四方面对小红书的商业模式进行分析。

1) 价值主张:基于社区互动满足消费者个性化需求

此处的价值主张是指企业希望为其用户提供怎样的服务。小红书主要为对跨境购物有需求的用户提供免费的购物信息和优质商品,具体表现为基于社区的交互连接为每个用户提供免费的购物信息,然后基于社区和电子商务的连接数据准确提供产品,以满足用户的需求。

(1) 基于社区互动为用户提供免费购物信息

小红书引导用户在线上社区发布购物笔记,为社区中的其他用户提供免费的产品信息和使用感受,通过笔记的输出和互动将产品的卖点和口碑传达给这些潜在的消费者。小红书提供了一个平台,让用户在这个平台进行商品的分享与交流,用户可以通过这个平台了解很多自己不知道的商品。

这样做既满足了用户的"逛街"需求,又满足了用户分享与交流的需求,从而激发用户输出笔记的热情,使社区更加活跃。

(2) 快速有效提供满足消费者需求的产品及服务

小红书灵活运用社区经济模式,用户在小红书社区越逛越久之后,心仪的产品也会越来越多,用户的消费欲望逐渐增长。而社区正好收集了这些购买需求,需要有人来满足,怎样实现这个过程是小红书要思考的问题。根据小红书用户在社区产生的用户行为数据,后台可以大致估计出产品的需求量级,从而满足消费者,完成社区到电子商务的过渡。

2) 核心资源:活跃的跨境产品社区和迅捷的供应链平台

核心资源是企业实现价值主张的必要基础,小红书的核心资源主要有以女性为主的社区和强大的供应链平台,以女性为主的社区保证了社区的活跃度,使社区向电子商务的转化得以实现,而以互联网支撑的供应链是让用户快速收到心仪产品的重要基础。

(1) 以女性为主的社区

小红书用户的最大特点就是年轻化,基本都是女性,年龄主要为18~35岁。这个用户群体追求新鲜事物,热衷于购物和分享,小红书迎合了她们的需要,提供了一个分享自己生活点滴和购物体验的平台。

(2) 以互联网为支撑的供应链平台

小红书通过互联网技术搭建跨境物流供应链,能快速对接货源并实现运输,灵活应对跨境产品的消费需求。也就是说,根据消费者的跨境产品需求,供应链能快速对接货物资源的提供者,安排物流运输途径,完成跨境产品的生产流程、加工和分销,以满足消费者的需求。

3) 关键流程:以消费者需求为拉动的C2B过程

关键流程是指企业为了实现价值主张进行的一系列有目的性的活动,以及这些活动是怎样展开的。在小红书中,消费者被引导到小红书社区之中,从而激发了购物需求,通过社区的运营获取购物订单,最后与供应链条协同,快速满足用户需求。

(1) 建立社区并引导消费者积极参与

小红书积极建立各种社区,并采取一系列措施提升社区的活跃度以及用户对社区的认同感,从而提高用户留存率,保证用户的黏性。

例如:小红书在社区进行年度大赏投票活动,用户对自己使用过的产品进行投票,选出成千上万用户心目中的最佳产品,通过投票结果生成Cosme年度好物榜单,囊括了美妆、护肤、保健、家居等诸多方面,这份榜单将成为更多用户的购买指南。此外,小红书还会邀请众多明星入驻平台,利用明星效应进一步带动平台活跃度,同时可以带动明星的粉丝流量,从而完成用户的转化。

(2)基于社区运营获取消费者订单

在小红书用户分享购物笔记之后,对该产品感兴趣或使用过的人便会在笔记下面点赞、收藏或是评论,形成互动,当用户数量达到一定程度时,这些用户数据可以为小红书的进货提供参考。

在小红书"商城"进行售卖的商品的下方都会有用户的笔记,这些笔记不仅通过文字或图片对产品的细节进行说明,还包括用户对这个产品的使用感受,更加生动和具体。而用户的分享笔记使用户的体验显得更加真实,对其他用户来说更具说服力。事实上,用户的笔记是促成购买的关键。

(3)供应链条协同快速满足用户需求

在物流方面,小红书选择了保税仓自营模式,这样做的目的是缩短物流运输的时间,确保正品货物的来源,把握采购的全过程。在跨境购物的过程中,最大的问题就是送货的周期很长,运输的成本也相对高,而保税仓库可以有效地解决这些问题,在跨境物流中起了重要作用,从而提高用户体验。

4)盈利模式:基于社区连接的销售获取利润

盈利模式是指企业在开展商业活动时获取利润的方式,小红书通过社区经营获取消费者需求,然后提供增值性跨境产品及服务获取利润。小红书目前的盈利模式主要是线上商城的商品售卖和用户开通会员。小红书社区每日笔记的曝光量惊人,通过笔记转化用户消费赚取商品差价,从而获利。

据小红书CEO透露,小红书的产品转化率平均保持在8%,相比天猫高出近6%。这样的盈利模式是通过提供免费信息实现的,从而有效地增加平台的流量,再加以引导,形成活跃健康的生态圈,从而吸引其他优质供应商的入驻。

而小红书的会员制则主要是一种辅助手段,用户可以通过支付一定的费用申请成为小红书会员,从而获得会员特权,如商品的专享价格、免费送货、限量商品的购买和独家客户服务渠道等。

2. 小红书商业模式的创新点

1)"分享+购物",打造闭环社区平台

小红书App主要由"首页""发现""商城""消息""我"5个板块组成,这5个版块之间相互联系、相互补充,形成了一个完整的 UGC(用户生产内容)闭环平台。

2)"自营＋大数据",精准匹配用户需求

产品的真假是伴随电子商务由来已久的问题,困扰消费者的同时也困扰着电子商务企业,很多知名电子商务平台都曾受到用户关于产品真假的质疑。而产品的真假关系到企业的信誉,可以说是电子商务行业的生命线,为了保证销售的产品均为正品,小红书选择了自营的方式,从而保证产品质量。

小红书社区积累了大量的用户行为数据,后台通过用户对产品的点赞、收藏和分享等用户行为数据进行分析和筛选后,小红书可以根据用户的核心需求与品牌商进行联络和合作,优先满足主流用户的需求。通过这种方式既可以打造爆款商品,也可以准确地匹配用户需求,提高产品的转化率和留存率。这也正是小红书 C2B 理念的体现:数据导向选品。

1.3.2 洋码头

2009 年年底,洋码头成立。

2011 年 7 月,洋码头网站上线。

2013 年 12 月,移动端产品"洋码头"App 正式上线。

2014 年年底,全球物流中心布局完成(纽约、旧金山、洛杉矶、芝加哥、墨尔本、法兰克福、东京、伦敦、悉尼、巴黎)。

2015 年 1 月,洋码头宣布完成 B 轮 1 亿美元融资。

2015 年 2 月,洋码头杭州保税区正式投入使用。

1. 洋码头商业模式要素分析

洋码头是一家成立于 2009 年的综合跨境电子商务平台企业,以"一站式海外购物平台"为其产品定位,商业模式包括与国外供应商合作的 B2C 模式和与海外买手合作的 C2C 买手制。

1)实行买手商家制

洋码头是一家 C2C 兼 B2C 平台型综合型跨境电子商务平台,其最大的特点是实行买手商家制,因此强大的买手团队成了洋码头在市场竞争中获得立足之地的基础。

平台对买手入驻设立严格的标准,而且会不定期查验海外买手的信用情况,遍布海外各地的买手还将接受当地国家法律的监管,以此保证商家和商品的质量。目前平台已拥有 6 万多名认证买手,其中超过七成都是综合评价超过 4.5 分的优质型买手,购买范围覆盖 80 多个国家。

在这种经营模式下,由于所有的货品都是由成千上万个买手自己发掘并购买的,因此平台不仅单品数量非常丰富,可以为消费者营造一站式逛街式的购物体验,还拥有海量新奇少见的商品,可以更好地契合消费者多元化、个性化的需求。

2)"轻平台,重物流"的发展策略

洋码头成立之初即确立了"轻平台,重物流"的建设策略。所谓"轻平台",指洋码头不做自营业务,即洋码头为国内消费者与国外买手(个人代购/零售商家)搭建平台,将海外商品由自营的贝海国际物流运送至国内过关,再经国内物流公司送至消费者手中。

其创新性的买手模式是洋码头平台的最大特色,平台上的SKU全部来自海外个人买手(C2C)及零售商(B2C)。而"重物流"是指自2010年3月成立之初,洋码头就开始布局自营跨境贝海国际物流。

截至目前,洋码头已在全球建立了15个国际物流中心,能够服务20多个国家和地区,每周有90多个国际航班入境,足以支撑跨境电子商务碎片化、爆发性的跨境运输需求。贝海国际深耕物流市场6年,不仅打通了上下游产业链,而且率先完成了全球化物流布局。作为洋码头最大的物流服务提供商,贝海国际在物流运送时间上可媲美四大国际快递公司,但费用却远低于行业价格,这也是洋码头物流方面的优势。

3)扫货直播模式

洋码头首创了海外卖场扫货场景式购物模式,自2013年12月正式上线至今,"扫货直播"频道已聚集了数万名海外认证买手,他们分布于美国、欧洲、澳洲、日韩等全球20多个国家和地区,现场直播购物,体验同步折扣。洋码头跨过所有中间环节,降低了中国市场的进入门槛,让消费者体验真实的海外现场购物。

这种直播模式可以向用户展示买手的实时动态,感受买手的购物现场,并与买手进行实时互动,且容易让用户产生焦虑感与紧张感,用户怕错失自己喜欢的商品,有助于促进交易的完成。

2. 洋码头商业模式的创新点——推出"黑五购物节"

由于跨境进口零售电子商务并不属于技术密集型企业,故技术和生产工艺方面的创新对先发优势的促进作用微乎其微,但是在企业管理和产品营销方面的创新却可以有效增强企业的竞争优势。这一点从洋码头中得到了体现。

"黑五购物节"是起源于美国的购物节,洋码头推出了"黑五购物节"这一营销创新,在购物节的营销活动中获得了超过同行的经营业绩。2014年,洋码头在众多跨境进口零售电子商务平台中率先引入"全球化消费元年"的理念,并首次推出"黑色星期五"的平台促销活动,利用"黑五"这个具有一定文化背景的国际购物节进行营销创新,并且取得了巨大的成功。

1.3.3 考拉海购

2015年1月9日,网易自营跨境电子商务平台"考拉海购"上线公测。

2015年5月20日,考拉海购上线"爱购狂欢节",海外商品从母婴用品扩展到美妆个护、美食保健、家居日用等全品类。

2016年3月29日,考拉海购宣布正式上线。

2018年6月,考拉海购宣告进军综合电子商务市场。

2019年9月6日,阿里巴巴宣布与网易达成战略合作,阿里巴巴集团以20亿美元全资收购网易旗下的跨境电子商务平台考拉。

考拉海购目前是阿里巴巴旗下以跨境业务为主的综合型电子商务,考拉海购主打自营直采的理念,在美国、德国、意大利、日本、韩国、澳大利亚设有分公司或办事处,深入产品原产地直采高品质、适合中国市场的商品,从源头杜绝假货,保障商品品质的同时省去诸多中间环节。直接从原产地运抵国内,在海关和国检的监控下储存在保税区仓库。

考拉海购较好地解决了商家和消费者之间信息不对等的现状,并拥有自营模式、定价优势、全球布点、仓储、海外物流、资金和保姆式服务七大优势。

具体如表1-1所示。

表1-1 考拉海购的七大优势

自营模式	考拉海购主打自营直采模式,深入产品原产地,并对供应商的资质进行了严格的审核,同时设置了严密的复核机制,从源头杜绝假货
定价优势	考拉海购主打的自营直采模式拥有自主定价权,可以通过整体协调供应链及仓储、物流、运营的各个环节,根据市场的环境调整定价策略
全球布点	考拉海购采用全球布点的策略,在旧金山、东京、首尔等近10个国家和地区建立了分公司和办事处,从而直接深入商品原产地精选全球顶尖商品,省去了中间供应商、代销商的环节,直接对接品牌商和工厂
仓储	在上海、天津、重庆、浙江、江苏、广东、河南等地设立保税仓,为行业第一。在海外,考拉海购已初步在美国建立了物流仓储中心
海外物流	在物流方面,考拉海购与顺丰等达成了合作,为用户提供优质的物流服务
资金	考拉海购在未被阿里巴巴集团收购前,拥有网易集团雄厚的资金作为后盾,而在被阿里巴巴集团收购后,在资金方面则拥有阿里巴巴集团雄厚的资金作为后盾
保姆式服务	对于海外厂商,考拉海购提供从跨国物流仓储、跨境支付供应链金融、线上运营、品牌推广等一整套完整的保姆式服务解决方案,消除了海外商家进入中国的障碍,省去了他们独自开拓中国市场时面临的语言、文化、运输等问题。

1.3.4 总结

通过对小红书、洋码头和考拉海购进行竞品分析,可以发现三者的区别,具体总结如表1-2所示。

表 1-2 小红书、洋码头、考拉海购的区别

平台	商业模式	物流模式	产品定位
小红书	社区＋电子商务 C2B 模式	保税仓自营模式	社区＋海外购物
洋码头	主要为 C2C 买手模式	自营物流	一站式海外购物平台
考拉海购	自营型 B2C	第三方物流商合作	低价高品质媒体电子商务平台

通过对跨境电子商务市场以及考拉海购的整体分析，可以得出以下结论。

(1) 政策、经济、社会文化、技术等因素，推动了近几年跨境电子商务行业的大发展，并且在未来几年将持续保持一定的高增长率。

(2) 在这个行业中，通过对比小红书、洋码头以及考拉海购三款产品的商业模式、物流模式以及其各自的产品定位，可以发现考拉海购独特的商业模式的优势所在，这也是考拉海购一直在跨境电子商务行业中占据高额市场份额的原因。

(3) 在跨境电子商务行业中，主要有三个参与方：海外品牌商、消费者以及平台，并且阐述了各个参与方的痛点、其目前的解决方案以及存在的问题。

平台为了快速发展就必须更好地满足各个参与方的需求，突出平台独特的优势，从而将各参与方吸引到平台上。相比来说，考拉海购的"自营直采，严格审核"模式解决了消费者对于商品是否是正品的顾虑，可以让消费者放心地购买自己需要的商品，同时也通过这种模式直接与海外供应商达成合作关系，也可减去海外品牌商的相关成本，帮助他们直接将商品销售到消费者手中。

"仓储优势，物流保障"则解决了消费者对于网上购物"物流慢""物流服务差"的痛点，可以更快、更好地将商品送到消费者手中。同时，平台商品价格合理，甚至是"海外批发价"，这一切都源于考拉海购的自营模式的自主定价权，可以调整定价策略，降低采购成本，满足了消费者买到物美价廉产品的需求。

(4) 考拉海购的核心业务是跨境电子商务行业交易，要想维持营收的正向增长，首先要提升平台用户数，主要是通过广告投放以及平台独特的优势形成口碑效应；同时在价格、榜单、评价、买家秀、买家回答、客服等方面提升平台的转化率，并在关联产品搭配、优惠券、凑运费、客服推荐等方面提升平台的客单价。

(5) 整体来看，考拉海购成立至今大致分为五个阶段，并且节奏感把握得特别好。

前期,依靠网易集团雄厚的资金与资源迅速热启动,在市场中占领一席之地。后期不断完善产品功能,提升用户体验,进一步提升用户购物转化率与复购率以及用户黏性。

(6)考拉海购移动端的目标用户主要是消费者,所以所有功能设计都围绕满足消费者的需求进行。消费者使用APP的场景主要有三种:购买前、购买中、购买后。通过对考拉海购功能的梳理,可以发现消费者绝大多数的需求都能很好地满足。好的用户体验是产品的生命力。

第 2 章 营销型网站策划与 SEO

知识导读

据统计表明,买家在网络上获取供应商信息的主要渠道是 B2B 贸易平台、搜索引擎、网络黄页及许可 E-mail。其中,通过 B2B 贸易平台及搜索引擎查找供应商的比例高达 72%与 68%。很显然,B2B 贸易平台及搜索引擎已经成为出口企业推广产品的重要手段。但是,国内很多出口企业该做的也都做了,订单就是不见起色,究其原因,外贸企业的官网作为与买家接触第一关,很多供应商在这个阶段就被买家否定了。原因很简单,企业官网代表一个公司的实力、公信力、专业程度,而一家公司的官网若没办法让买家认可,买家就更难认可公司的实力和商品的品质。因此,本章将系统介绍外贸营销网站策划和搜索引擎营销和优化的方法。

学习目标

- 了解外贸营销网站策划
- 了解搜索引擎营销基本概念
- 了解 SEO

能力目标

- 掌握外贸营销网站的策划
- 掌握搜索引擎营销的定义与原理
- 熟练掌握关键词的设置

2.1 外贸营销网站策划

在竞争日益激烈的互联网经济时代,营销型网站建设对于外贸企业来说早已不再是可有可无的选择。外贸网站建设不仅仅是业务从线下到线上的简单转移,还意味着传统外贸营销模式的深刻变革。简化外贸的程序,拓展外贸的空间,精简外贸的时间,对于现代企业营销有着重要的意义。

技术的进步加快了网站建设的步伐,很多外贸企业都意识到外贸网站建设的重要性,从而不惜投入大量人力、财力、物力,然而建设一个外贸网站固然不是太大的问题,关键是最后建设出来的网站是否具有营销性。如果花费了那么多的时间和精力,结果做出来的网站还是一点作用都没有,那真是得不偿失。

优质的外贸网站不仅能帮助企业打造自己的品牌形象,宣传和销售自己的产品,还能降低企业的经营成本,通过自己的网站更好地实现与客户的即时沟通交易,有效促进业务的发展。可以说,优质的外贸营销型网站建设不仅在于网站建设过程中基础设备的完善,更在于网站建设后期的客户体验效果和营销推广效果。

2.2.1 外贸营销网站建设存在的问题

1. 采购商"看不到"

在外贸网站海外推广策略中,搜索引擎优化是低成本获得用户的最佳途径,而基于搜索引擎优化的搜索引擎营销策略更是常用的网站推广手段。但搜索引擎优化问题却常常被外贸企业忽略,导致出口企业网站失去在任何一个搜索引擎(包括英文搜索引擎)上的自然排名优势,失去与国外对手公平竞争的机会,使外贸企业的网站根本没有被采购商看到。

2. 采购商"看不懂"

采购的前提是信赖你的公司,信赖你的产品,而中国厂商的外文网页却存在很多的问题。例如,网站当中的文案是按照中文直译过来的,根本不适合外国人的思考模式,外国采购商看不懂你在说什么,也不知道你为什么要这么说,甚至还有很多网站在一些专业名词的翻译上存在不准确的情况,也让外国采购商一头雾水,试想这样的网站如何能招来生意呢?

3. 采购商"不看好"

在诚信体制和诚信意识较为完善的西方国家,网站可信度特别受重视。相反,国内很多出口企业单纯以获取更多订单为首要目标,忽略了网站可信度的建设。大量出口企业网站甚至一些品牌型或大型出口企业网站,都是除了企业介绍就是产品介绍,最多增加一些证书,而且中文证书对于外国采购商来说也是没有意义的。在没有很好地传达企业诚信经营的理念,没有塑造企业的诚信品牌的情况下,外国的采购商是不会看好这样的外贸网站的。

2.2.2 外贸营销网站的策划雷区

1. 网站建设目标不明确

不少企业建设外贸网站只是"随大流"的一种盲目行为,看到别人建站带来了好处,于是不经全面考虑就跟着建起自己的外贸网站。网站作为企业营销的新平台,本身的确对企业发展有着一定意义,但如果营销型外贸网站建设的目标不明确,功能、设计也必然会一片混乱,从而给客户留下不好的浏览体验,最后反而对企业自身发展有害无利。

2. 不符合用户习惯

很多外贸企业建站往往以国内的思维方式进行,而忽略了国外客户的习惯,这样会严重影响客户的体验。

首先体现在外贸网站的风格上。国外网站风格与国内网站风格绝对是不同的,国内网站结构一般较复杂,色彩较为丰富,而国外网站则注重结构内容的简洁明了,用色相对单一。如果一味按照国内的风格打造网站,基本不会受到国外用户的欢迎。

其次体现在网页新窗口的打开方式和浏览器的兼容问题上。国外客户更多使用谷歌(Google)浏览器以及火狐(Firefox)浏览器,而一些外贸建站由于没有考虑浏览器的兼容问题,往往会在火狐浏览器下出现各种问题,影响网站内容的展示。同时,对于新链接的打开,国外客户也更习惯采用当前页面打开的方式,而非国内惯用的网页新窗口打开的方式。

最后体现在网站语言的字体及大小问题上。一些外贸网站使用不规范的中文"宋体",这违背了国际上的英文网站使用"罗马"字体的规范,并且在字体的大小设置上也没有考虑外国客户更愿意一眼看到更多单词的阅读习惯。

3. 图文及颜色搭配设计不合理

外国客户更注重网站用色的简洁大气,而有些外贸网站喜欢尽可能丰富地用色,这样反而会让网站整体不够简洁美观。而且,对于网站上的产品图片展示,一些外贸企业直接将收集到的图片全传到网上,也不考虑图片尺寸和整体色调的统一,有的图片要么模糊不清,要么色调鲜亮,让人眼花,这样的图片展示都会极大地影响用户对产品的直观感受。此外,有的外贸网站还喜欢用大量的图片作为内容的填充,不注重必要的文字说明,这样一方面可能会因为图片内存过大而影响网站的加载速度,另一方面会因图文的不协调导致客户无法更好地了解产品,都是得不偿失的。

4. 网站用语不专业

一些外贸网站为了体现中国特色,喜欢用中文做 Logo 以及填充网站内容,但国外客户往往看不懂中文,即使再有中国特色,对方也记不住,而且大量使用中文或者拼音难以体现产品的国际性。另外,外贸网站的英文表达也是需要注意的,有些外贸企业建站往往没有考虑语言的规范性,将网站上的中文通过软件简单翻译成英文就直接使用了,这样翻译而来的英文即使是外国客户也不一定能看懂,反而会因为用语的不专业导致客户不满意。还有的网站则是因为没有将程序代码转化成准确的英文,语言编码不够规范,从而导致国外客户在访问时出现乱码的情况。

5. 过度 SEO

SEO 是网站优化的一种方式,但有些网站急于展现优化效果,想在能优化的地方都做到尽善尽美,例如标题中的核心关键词重复出现,为了尽快获得排名而在外链建设中将所有的锚文本都指向首页,以及外链锚文本过于单一等,这样反而会因为过度优化而引起搜索引擎不同程度的惩罚,从而导致网站的降权和排名的降低等后果。

2.2.3 外贸营销网站的策划技巧

1. 明确营销型外贸网站的定位

如何确定网站的定位,简单来说,就是用一句话告诉别人你的网站是做什么的。外贸网站面向的更多的是国外客户,如果你的网站定位不准确,就会影响整个网站的布局,甚至会让客户不能在第一时间清楚你的网站到底是做什么的,那么网站的跳出率就会很高,很难留下询盘。聚焦网络给客户做的网站如图 2-1 所示,"Vintage Home Decor Supplier"让网站仅用一句话就告诉网站客户这家企业是做什么的。

2. 做好网站的 UI 设计

以网站的首页为例,从上到下依次为品牌认知区、导航区、形象展示区、正文板块区、版权区。

(1) 品牌认知区。主要展现品牌 Logo、品牌理念 Slogan 以及展示公信力的内容,同时也需要注意很多细节问题。如图 2-2 所示,很显然右边的 Logo 标志更好,更适合用来做外贸网站的 Logo,因为外国人可读不出来 jiu 这个音。除了读音问题以外,在设计外贸网站时一定要考虑 Logo 在网站上的色彩搭配、清晰度、简洁化等多方面因素。

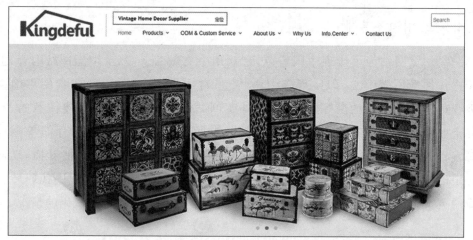

图 2-1 明确网站定位

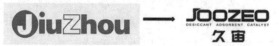

图 2-2 Logo 对比

（2）导航区。不要千篇一律，文字要有个性、立体、饱满大气，并且需要针对不同的产品类型做出不同的分类，帮助采购商更好地找到需要的产品。如图 2-3 所示，第一个网站属于无分类的导航，第二个则针对产品类型做了不同的分类，显然，第二个网站的导航更容易获得采购商的青睐。

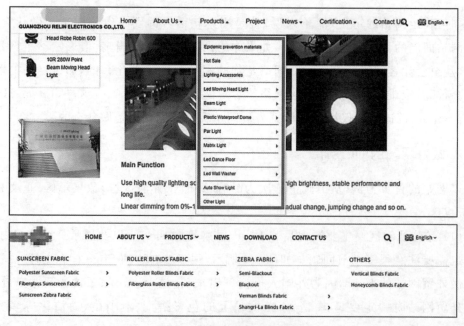

图 2-3 不同外贸网站的导航区

（3）形象展示区。一般为有效传递公司实力的核心区域，大部分表现形式为 Banner 图片等，要做到吸引眼球，不费力传递和有效传递。需要注意的是，很多时候，大家恨不得把企业所有的产品都放在首页的 Banner 上展示给采购商看，其实这样只会让访客失去点击兴趣，正确的做法应该是保持图片的精美度和清晰度，主图内容不宜过多。如图 2-4 所示，可以看到，第一个网站的 Banner 设计就出现了产品多、主题不明确和产品模糊的问题，而第二个网站的 Banner 设计就很清楚，并且主题明确、协调。

图 2-4　不同网站 Banner 对比

（4）正文板块区。该区域属于网站表现内容的核心，一般包含产品的核心卖点，重点营造客户体验。最好用数据说话，如图 2-5 所示；图文设计需要做到图文并茂，如图 2-6 所示；风格应简约但不简单，如图 2-7 所示。

图 2-5　用数据说话

（5）版权区。包含快捷导航、有用的链接、站点地图、订阅、分享等快捷链接。

3. 展现企业的专业技术

毫不避讳地讲，任何产品和服务的内驱力一定来自其扎实的技术体系，这种技术（研发和生产）不一定是最完善或者最先进的，但是对于海外采购商，尤其是欧美国家客户而言，扎实靠谱的技术方案一定是产品的核心竞争力。所以，在策划网站时要时时刻刻提醒自己：向客户展示我们的系统方案，而不是只会报价，只会推销产品。

图 2-6　图文并茂

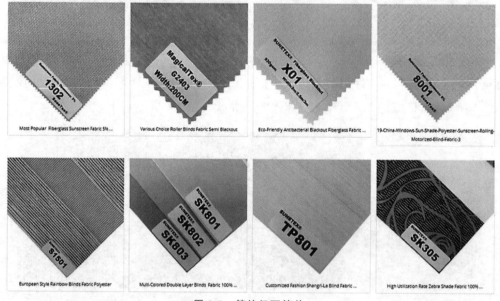

图 2-7　简约但不简单

在专业能力方面的展示上,视频其实是最好的选择。但请注意,因为针对的客户是国外用户,所以请不要选择国内常用的宣传片形式的视频,由于文化的不同,国外用户并不想在营销网站上看到宣传片风格的视频,尽可能地尝试更为实用的测试类、体验类、产品解说类视频,YouTube 将是非常好的选择。在后期谷歌 SEO 方面,视频排名流量将会给网站带去一大批的免费流量。

4. 做好 SEO

谷歌 SEO 通过自然排名的方式帮助企业网站排在搜索结果页面的前几位,据调查显示,有 90% 的调查受访者表示他们可能会点击第 1 页的结果,如果无法在第 1 页找到想要的结果,则很可能更改查询关键词,而不是查看第2页。而在第1页排名中,自然排名获取的客户更为精准,合作意愿也更为强烈。

在绝大多数情况下,通过谷歌SEO成长起来的网站,无论是产品的精美程度还是网站用户体验,都是顶部广告网站无法媲美的。谷歌SEO将是获得采购商青睐的重要原因之一。

以前做网站更多的是为了做一个网站而做一个网站,现在策划网站基本上都是带着更强的目的性和营销性,因此在网站上线之前就要把营销要素植入进去,SEO就是一个重要的营销要素,大致可以从四方面植入:一是关键词布局;二是友好且容易访问的链接;三是高质量且有价值的内容;四是扁平且容易导航的网站结构。

5. 注重UE(用户体验)层面

用户体验是一个比较宽泛的概念,内涵也很丰富,对于外贸企业来说,至少应该考虑响应式设计和可用性设计两方面,响应式设计主要考虑网站能否自适应不同浏览设备阅览,可用性设计主要考虑用户使用网站的便捷程度,例如在线对产品进行询盘等功能。

6. 考虑社会化媒体层面

无论是人还是链接人的互联网络,都变得越来越社会化了,社交媒体的发展使得网站不得不增加社会化媒体的属性,例如在网站页面放上公司开通的社会化媒体的渠道链接,每个页面底部放上"分享到"按钮,内容展现要有激励措施,有利于分享传播。

2.2 搜索引擎营销基本概念

2.2.1 搜索引擎认知

1. 搜索引擎的定义

搜索引擎是指根据一定的策略、运用特定的计算机程序从互联网上采集信息,在对信息进行组织和处理后,为用户提供检索服务,将检索的相关信息展示给用户的系统。搜索引擎是工作于互联网上的一门检索技术,旨在提高人们获取、搜集信息的速度,为人们提供更好的网络使用环境。从功能和原理上,搜索引擎大致分为全文搜索引擎、元搜索引擎、垂直搜索引擎和目录搜索引擎四大类。

2. 搜索引擎的工作原理

搜索引擎的整个工作过程分为三部分：一是蜘蛛在互联网上爬行和抓取网页信息，并存入原始网页数据库；二是对原始网页数据库中的信息进行提取和组织，并建立索引库；三是根据用户输入的关键词快速找到相关文档，并对找到的结果进行排序，最终将查询结果返回给用户。

第一步：从互联网上抓取网页。

搜索引擎通过一种特定规律的软件跟踪网页的链接，从一个链接爬到另一个链接，像蜘蛛在蜘蛛网上爬行一样，所以被称为"蜘蛛"，也被称为"爬虫"。搜索引擎"蜘蛛"的爬行是遵循一定规则的。

第二步：建立索引数据库。

由分析索引系统程序对收集的网页进行分析，提取相关网页信息（包括网页所在URL、编码类型、页面内容包含的关键词、关键词位置、与其他网页的链接关系等），根据一定的相关度算法进行大量复杂计算，然后用这些相关信息建立网页索引数据库。

第三步：在索引数据库中搜索排序。

用户输入关键词后，排名程序调用索引数据库，计算关键词相关性，然后快速输出并反馈给用户，这个过程在秒级内完成。

2.2.2　搜索引擎营销认知

搜索引擎营销（Search Engine Marketing，SEM）是基于搜索引擎平台的网络营销，利用人们对搜索引擎的依赖和使用习惯，在人们检索信息时将信息传递给目标用户。搜索引擎营销的基本思想是让用户发现信息，并通过点击进入网页，进一步了解所需的信息。企业通过搜索引擎付费推广，让用户可以直接与公司客服进行交流、了解，实现交易。

1. 搜索引擎营销概念

搜索引擎营销的基本思想是让用户发现信息，并通过（搜索引擎）搜索点击进入网站/网页进一步了解所需的信息。在介绍搜索引擎策略时，一般认为搜索引擎优化设计主要目标有2个层次：被搜索引擎收录、在搜索结果中排名靠前。这已经是常识问题，简单来说，SEM 所做的就是以最小的投入在搜索引擎中获得最大的访问量并产生商业价值。多数网络营销人员和专业服务商对搜索引擎的目标设定也基本处于这个水平。但从实际情况来看，仅仅做到被搜索引擎收录，并且在搜索结果中排名靠前还很不够，因为取得这样的效果实际上并不一定能增加用户的点击率，更不能保证将访问者转化为顾客或者潜在顾客，因此只能说它是搜索引擎营销策略中两个最基本的目标。SEM 方法包括 SEO、竞价排名、关键词广告以及 PPC 等,如图 2-8 所示。

图 2-8　SEM 方法

2. 搜索引擎营销原理

一个用户的搜索流程是：选择搜索引擎,设定关键词和关键词组合进行检索,对搜索结果进行筛选并点击符合期望的信息,进入信息源网站获得详细的信息,如果用户对获取的信息满意,则结束本次搜索；如果不满意,则更换关键词重新开始。如果用户还未得到相关信息,则可能放弃或更换其他搜索引擎并重复上述搜索行为。用户的搜索行为如图 2-9 所示。

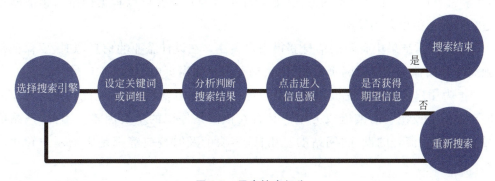

图 2-9　用户搜索行为

可以从企业利用搜索引擎传递信息,以及用户搜索的过程中进行更系统的分析。搜索引擎销营销得以实现的过程是：企业将信息发布在网站上成为以网页形式存在的信息源；搜索引擎将网站网页信息收录到索引数据库；用户利用关键词进行检索(对于分类目录则逐级目录查询)；检索结果中罗列相关的索引信息及其链接；用户根据对检索结果的判断选择有兴趣的信息并点击 URL 进入信息源所在的网页。图 2-10 所示为搜索引擎营销的信息传递过程。

图 2-10　搜索引擎营销的信息传递过程

3. 搜索引擎营销的内容

根据搜索引擎的工作原理和搜索引擎营销的原理可以得知,搜索引擎营销的基本内容包括以下 5 方面。

(1) 构建适于搜索引擎检索的信息源。有了信息源才有机会被搜索引擎检索到,所以建立企业网站可以说是企业开展网络营销的基础。同时,信息源要适合被搜索引擎检索,并且能让用户满意。可见,网站优化应包含用户、搜索引擎、网站管理维护 3 方面的优化。

(2) 创造信息源被搜索引擎收录的机会。让尽可能多的信息源被搜索引擎收录是网络营销的基本任务之一,也是搜索引擎营销的基础。

(3) 让网站信息源出现在搜索结果中靠前的位置。信息源被搜索引擎收录还不够,还需要让信息出现在搜索结果中靠前的位置,否则被用户发现的机会将大为降低,搜索营销的效果就无法保障。企业信息源出现在靠前位置的方法有免费的方法(如搜索引擎优化),也有付费的方法(如竞价排名等),企业可以根据网络营销战略设计适合的搜索引擎营销策略。

(4) 以搜索结果中有限的信息获得用户关注。在设计企业的信息源时,要保证每个独立的页面都有独立的网页标题、网页摘要信息和网页内容的 URL。

(5) 为用户获取信息提供方便。用户进入网站之后,网站能不能提供满足用户需求的丰富信息或便利的渠道成为用户是否在该网站停留的重要因素。因此,网站的产品介绍、购物流程的设计、网站的易用性、客服的及时响应等都是影响用户转化的因素。

4. 搜索引擎营销的目标

第一层目标是搜索引擎的存在层,其目标是在主要的搜索引擎/分类目录中获得被收录的机会,这是搜索引擎营销的基础,离开这个层次,搜索引擎营销的其他目标就不可能实现。搜索引擎登录包括免费登录、付费登录、搜索引擎关键词广告形式。存在层的含义就是让网站中尽可能多的网页获得被搜索引擎收录(而不仅仅是网站首页),也就是增加网页的搜索引擎可见性。

第二层目标是在被搜索引擎收录的基础上尽可能获得好的排名,即在搜索结果中有良好的表现，因此可称为表现层。因为用户关心的只是搜索结果中靠前的少量内容，如果利用主要的关键词检索时网站在搜索结果中的排名靠后，那么还有必要利用关键词广告、竞价广告等形式作为补充手段实现这一目标。同样，如果在分类目录中的位置不理想，则需要同时考虑在分类目录中利用付费等方式获得靠前排名。

第三层目标直接表现为网站访问量指标方面，即通过搜索结果点击率的增加达到提高网站访问量的目的。由于只有受到用户关注，经过用户选择后的信息才可能被点击，因此可称为关注层。从搜索引擎的实际情况来看，仅仅做到被搜索引擎收录，并且在搜索结果中排名靠前是不够的，这样并不一定能增加用户的点击率，更不能保证将访问者转化为顾客。要通过搜索引擎营销实现访问量增加的目标，需要从整体上进行网站优化设计，并充分利用关键词广告等有价值的搜索引擎营销专业服务。

第四层目标即通过访问量的增加转化为企业最终实现收益的提高，可称为转化层。转化层是前面三个目标层次的进一步提升，是各种搜索引擎方法实现效果的集中体现，但并不是搜索引擎营销的直接效果。从各种搜索引擎策略到产生收益，其间的中间效果表现为网站访问量的增加，网站的收益是由访问量转化形成的，从访问量转化为收益则是由网站的功能、服务、产品等多种因素的共同作用而决定的。因此，第四层目标在搜索引擎营销中属于战略层次的目标。其他三个层次的目标则属于策略范畴，具有可操作性和可控制性的特征，实现这些基本目标是搜索引擎营销的主要任务。

2.3 认识 SEO

SEO 的英文全称为 Search Engine Optimization，翻译成中文即搜索引擎优化。SEO 的主要原理是通过提高目标网站在搜索引擎中的排名达到推广目的。经常有人把 SEM 与 SEO 搞混，分不清它们的关系。SEM 与 SEO 可以理解成父子的关系，SEO 是包含在 SEM 当中的。

2.3.1 搜索引擎优化的定义

搜索引擎优化是指通过采用易于搜索引擎索引的合理手段使网站各项基本要素适合搜索引擎检索原则，并且对用户更友好，从而更容易被搜索引擎收录及优先排序。搜索引擎优化重视的是网站内部基本要素的合理化设计，并非只考虑搜索引擎的排名规则，更重要的是为用户获取信息和服务提供方便，即"为用户提供最精准的优质内容"。而从事搜索引擎优化工作的人也常被称为"搜索引擎优化者"。

2.3.2 搜索引擎优化的策略

1. 主题要明确,内容要丰富

在设计网站之前,要清晰设定网站的主题、用途和内容。根据不同的用途定位网站特性,可以是销售平台,也可以是宣传网站,网站主题须明确突出,内容丰富饱满,以符合用户体验为原则。对于一个网站来说,优化网站的主题与实际内容才是最重要的。一个网站需要有鲜明的主题,丰富的与主题相关的内容,专注于某些领域的变化并及时更新。

2. 引出链接要人气化

搜索引擎判断网站好坏的一个标准是外部链接的多少以及链接的网站质量。创建有人气化的、有意义的引出链接,提高链接广泛度既能提高在搜索引擎的排名,同时也可以起到互相宣传的作用。研究表明:当一个网站的链接 PR 值达到 4~6,那么这个网页的访问量比较好;当链接 PR 值达到 7 以上,那么网站的质量与知名度都很优秀了。如果一个网页被其他网页链接得越多,那么该网页越有可能有最新和最有价值的高质量网页。尽可能增加与行业网站、地区商务平台和合作伙伴网站之间的链接,被 PR 高的网站引用能更快地提高本站的 PR,同时开发人员可以在访问量较大、PR 值较高的网站上发表与网站主题以及业务相关的信息,用户在别的网站看到这些信息,进而访问该网站,即通过外部链接提高该网站的访问量。

3. 关键词设定要突出

网站的关键词非常重要,它决定了网站是否能被用户搜索到,因此在关键词的选择上要特别注意。关键词的选择必须突出,遵循一定的原则,如:关键词要与网站主题相关,不要一味地追求热门词汇;避免使用含义很广的一般性词汇;根据产品的种类及特性,尽可能选取具体的词;选取人们在使用搜索引擎时常用到的与网站所需推广的产品及服务相关的词。5~10 个关键词数量是比较适中的,密度可为 2%~8%。要重视在标题(Page Title)、段落标题(Heading)这两个网页中最重要、最显眼的位置体现关键词,还须在网页内容、图片的 alt 属性、META 标签等网页描述上不同程度地设置突出关键词。

4. 网站架构层次要清晰

网站结构上,尽量避免采用框架结构,导航条尽量不使用 FLASH 按钮。首先要重视网站首页的设计,因为网站首页被搜索引擎检测到的概率要比其他网页大得多。

通常要将网站的首页文件放在网站的根目录下,因为根目录下的检索速度最快。其次要注意网站的层次(子目录)不宜太多,一级目录不超过两个层次,详细目录不超过四个层次。最后,网站的导航应尽量使用纯文字进行导航,因为文本要比图片表达的信息更多。

5. 网页容量要合理化

网页分为静态网页与动态网页两种,动态网页即具有交互功能的网页,也就是通过数据库搜索返回数据,这样搜索引擎在搜索时花费的时间较长,而且一旦数据库中的内容更新,搜索引擎抓取的数据也不再准确,所以搜索引擎很少收录动态网页,排名结果也不好。而静态网页不具备交互功能,即单纯的信息介绍,搜索引擎搜索时花费的时间短,而且准确,所以愿意收录,排名结果比较好。所以网站要尽量使用静态网页,减少使用动态网页。网页容量越小,显示速度越快,对搜索引擎蜘蛛程序的友好度越高,因此在制作网页时要尽量精简 HTML 代码,网页容量通常不超过 15KB。网页中的 JavaScript 和 CSS 应尽可能和网页分离。应遵循 W3C 的规范使用,更规范的 XHTML 和 XML 可以作为显示格式。

6. 网站导航要清晰化

搜索引擎通过专有的蜘蛛程序查找每一个网页上的 HTML 代码,当网页上有链接时就逐个搜索,直到没有指向任何页面的链接。蜘蛛程序需要访问所有的页面,需要花费很长的时间,所以网站导航需要便于蜘蛛程序进行索引收录。可根据自己的网站结构制作网站地图 sitemap.html,在网页地图中列出网站所有子栏目的链接,并将网站中所有的文件放在网站的根目录下。网站地图可增加搜索引擎友好度,可让蜘蛛程序快速访问整个站点上的所有网页和栏目。

7. 网站发布要更新

为了更好地实现与搜索引擎的对话,将经过优化的企业网站主动提交到各搜索引擎,让其免费收录,争取较好的自然排名。一个网站如果能够进行有规律的更新,那么搜索引擎更容易收录。因此合理地更新网站也是搜索引擎优化的一个重要方法。

2.3.3 搜索引擎优化目前的问题

搜索引擎优化在国外发展迅速,国内也有众多的优化爱好者,他们通过各种方式进行自己的优化工作与学习,不断进步。国内的网站建设运营者对于搜索引擎优化越来越重视,这块市场非常大,相信会有越来越多的人加入这个领域。

搜索引擎优化技术随着互联网的发展迅速崛起，但是搜索引擎优化到底路在何方，却让很多站长迷茫彷徨。中国的搜索引擎优化技术发展道路上，尚存在着诸多盲点，具体如下。

1. 关键词排名乱收费

搜索引擎优化行业刚刚起步发展，竞价关键词没有统一的标准，于是就会出现乱收费的现象，从而导致恶意竞争，把整个行业收费标准搞得一片混乱。

2. SEO 效果不稳定

做过搜索引擎优化排名的站长都清楚，排名上下浮动是很正常的。例如你给一个客户优化网站，第二天你让客户验收时首页就跑到第二页去了，这种情况很常见。搜索引擎在不断变换自身的排名算法，这样也相对增加了搜索引擎优化的难度。

3. 首页排名的局限性

搜索引擎首页的位置是很局限的，首页的自然排名只有 10 个位置，我们竞争的就是这 10 位置。

4. 面临惩罚风险

网站优化稍有不慎就会被搜索引擎惩罚。网站优化操作不当，只要被惩罚，那么客户就不是不给钱的问题，不追求赔偿就是好事了。所以对于搜索引擎优化技术还需要加强，避免不当的手段和不必要的后果。

2.4　SEO 的核心——关键词

关键词优化的重要性在 SEO 优化中是毋庸置疑的，用户都是在搜索引擎的搜索框中输入各种关键词查找资料，关键词是整个搜索过程中最基本、最重要的一步，研究关键词才能确保这个关键词确实有用户在搜索，无人搜索的词没有任何价值。确定什么样的关键词也决定了网站内容规划、链接结构、外部链接建设等重要后续步骤。很多时候，网站的关键词其实就是网站的主题。网站的关键词选择恰当，才能让用户在浩瀚的网络世界中把你找出，不然你就永远躺在搜索引擎的第 100 页中，没有出头之日。

根据潜在客户或目标客户在搜索引擎中找到企业的网站时输入的语句产生了关键词的概念，这不仅是搜索引擎优化的核心，也是整个搜索引擎营销都必须围绕的核心。

2.4.1 关键词的重要性

研究关键词的重要性有以下几方面。

1. 确保目标关键词有人搜索

选择目标关键词时,用户常常想到公司名称或者产品名称。但是当企业或者网站没有品牌知名度时,没有用户会搜索公司名称或网站名称。产品名称如果不包含产品的通用名称,也往往没有人搜索。很多时候,即使使用行业最通用的名字,也不一定有足够的真实搜索次数。例如"网络营销"这个词,百度指数显示该词每天被搜索两千次左右,其中不少是来源于相关关键词的搜索,如"网络营销方式""网络营销方案""网络营销实战宝典""网络营销优势""网络营销培训"等。由此可见,用户对同一关键词有不同的需求,这也将影响用户最终的点击。我们要学会判断该词的真实搜索次数。想要确定适当的关键词,就要确认用户搜索次数达到一定数量。如果在这方面做出错误的选择,对网站的影响将会是灾难性的。

2. 降低优化难度

找到有搜索量的关键词并不意味着一定要把关键词定在最热门、搜索次数最多的词上。例如,虽然搜索"新闻""租房""机票""旅游"等词的用户很多,但对中小型企业和个人来说,要将这些词优化到前几位,难度非常高。因此,中小型企业在选择关键词时要考虑被搜索次数较多,同时竞争不是很激烈的关键词。

3. 寻找有效流量

对于搜索引擎营销来说,排名和流量不是最终目的,有效流量带来的转化才是最终目标。假设某网站提供电子商务解决方案和服务,将关键词定为"电子商务",这并不是很好的选择,因为搜索"电子商务"的用户的动机和目的很难判定。如果把核心关键词定为"西安电子商务",针对性就要强很多,用户已经透露出一定的购买意向。再进一步,如果把目标关键词定为"西安电子商务运营",则购买意向或商业价值更高,几乎可以肯定这个用户是在寻找西安专业的电子商务服务,这样的搜索用户来到相关网站后,转化为客户的可能性将大大提高。

4. 搜索多样性

随着搜索经验越来越丰富,用户已经知道搜索一般性的词往往找不到自己想要的内容,而搜索更为具体的、较长的词效果会更好,做网站的人都会从流量分析中发现,很多用户现在不仅仅搜索关键词,甚至搜索完整的句子。作为"搜索引擎优化者",无论是从用户意图和商业价值还是从搜索词长度来看,更为具体的、较长的搜索词都有非常重要的意义。"搜索引擎优化者"要充分分析这些词,这样才能确定网站的核心关键词。

5. 发现新机会

企业可以通过关键词工具的推荐挖掘相关关键词,找到大量自己不会搜索但有用户搜索的词汇。找到共通性或者趋势明显的词,将这些关键词融入网站,甚至增加新栏目,这也是一种发现新机会、扩展内容来源的方式。

2.4.2 关键词的设置

1. 从用户角度考虑

知己知彼,方能百战不殆。首先从用户的角度思考、选词,注意积累用户的搜索习惯、浏览习惯和阅读习惯。

1) 搜索习惯

用户搜索习惯是指用户在搜索引擎中寻找相关信息时使用的关键词形式,对于不同类型的产品,用户的搜索习惯会存在一定的差别,应该优先选择那些符合大部分用户搜索习惯的关键词形式。

一般来说,用户在搜索时,使用不同的关键词会得到截然不同的结果;对于同样的内容,如果页面中关键词的表达形式与用户的搜索习惯存在差异,则页面的相关性会大大降低,甚至会被排除在搜索结果之外;因为大部分的用户在寻找 A 页面,而你提供的却是 B 页面。

因此,在进行关键词设置时,可以通过统计用户寻找同类产品时使用的关键词形式分析用户的搜索习惯,不过这样的关键词只适用于同类产品。

例如,你要分析用户在寻找某计算机相关品牌产品时的搜索习惯,可以在搜索引擎中搜索该品牌的不同产品组合或者描述,根据搜索引擎的结果,可以对用户的搜索习惯进行分析,如图 2-11 所示。

2) 浏览习惯

用户在上网浏览时,除了部分需要特别集中精力阅读的内容外,大多数时间都是在无意识地扫描,而在扫描的过程中往往会无意识地忽略对自己不重要的信息,而把精力集中在自己感兴趣的信息上,在对于一个产品毫无了解的情况下,用户在扫描浏览时除了受主观因素影响之外,还受眼球浏览轨迹的影响。

大多数情况下,浏览信息时会不由自主地以 F 形的阅读轨迹进行,这种基本的阅读习惯导致目前大多数网页都是呈现 F 形的关注热度,如图 2-12 所示。根据浏览的

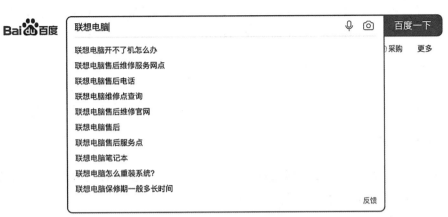

图 2-11 分析用户的搜索习惯

习惯,关键词可以沿着这浏览轨迹进行设置,可以增加浏览者关注的概率。

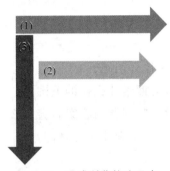

图 2-12 眼球浏览轨迹示意

3）阅读习惯

网络海量的信息导致了人们的注意力分散,在设置关键词时,还要分析目标受众的阅读习惯；例如阅读时间、时长、地域、场景等,可以通过用户画像进行相应的分析,并且根据分析结果进行关键词设置。

2. 从竞争对手的角度考虑

在进行关键词设置时,建议先深入了解竞争对手的情况,摸清竞争对手的关键词及布局情况；这样不仅能够找到优化漏洞,还能掌握目前的关键词竞争热度,以便进行人工优化部署。

具体方法如下。

(1) 在搜索引擎中搜索与自己产品相关的关键词,重点查看排名前 10 的网站都优化了哪些关键词,将它们摘录,然后对比分析。

(2) 可以到一些黄页网站和目录网站查询与产品相关的公司信息,分析这些公司的目录描述中都出现了哪些关键词,创建竞争者名单。

(3) 可以到 B2B 网站上寻找客户信息，分析这些客户的产品信息重点体现了哪些关键词，将这些关键词汇总，整理到一张表格中。

2.4.3 关键词的确定

在充分分析了用户和竞争对手的情况后，就可以按照以下技巧确定关键词了。

1. 选择关键词

关键词是描述品牌、产品、网站或服务的词语，选择适当的关键词是增加被搜索的第一步，下面介绍选择关键词的方法和工具。

1) 选择关键词的方法

(1) 头脑风暴法。

确定核心关键词的第一步是列出与网站产品相关的、比较热门的搜索词。可以通过头脑风暴法列出待选词。使用头脑风暴法确定关键词时，建议列出以下几个问题。

- 你的网站能为用户解决什么问题？
- 用户遇到这些问题时，会搜索什么样的关键词？
- 如果你是用户，在寻找这些问题的答案时会怎么搜索？
- 用户在寻找你的产品时会搜索什么关键词？

(2) 询问亲朋好友。

询问亲朋好友在寻找公司产品或服务时会使用的关键词。

(3) 参考竞争对手。

查看竞争对手首页的源代码，在 keywords 中列出的关键词也可以列为待选词。

(4) 参考关键词优化的目标指标。

主要体现在两方面：一是以流量作为目标，根据网站的相关性选择关键词，选择能为网站带来流量的关键词；二是以转化率作为目标，选择转化率高的关键词，转化率比流量更重要。

2) 选择关键词的工具

(1) 搜索建议。

在百度等搜索引擎中输入核心关键词时，搜索框会自动显示与此相关的搜索提示，如图 2-13 所示。

(2) 相关搜索。

检索结果页面的最下方是百度搜索引擎给出的相关搜索，如图 2-14 所示。

(3) 百度指数。

百度指数是以百度用户行为数据为基础的数据分享平台，可以研究关键词搜索

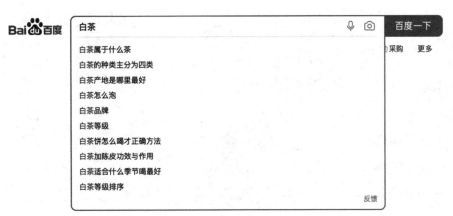

图 2-13　百度搜索建议

相关搜索

中国白茶之乡	安吉白茶和福鼎白茶哪种好	白茶怎么煮
老白茶品牌排行	什么牌子的白茶最好	白茶福鼎价格和图片
福鼎白茶十大知名品牌	白茶的简介	白茶分5个等级

图 2-14　百度相关搜索

趋势、洞察用户的兴趣和需求、监测舆情动向、定位受众特征等。用户可以通过百度指数分析关键词在百度中的搜索规模、跌态趋势以及相关的新闻趋势等,为企业选择关键词提供参考,如图 2-15 所示。

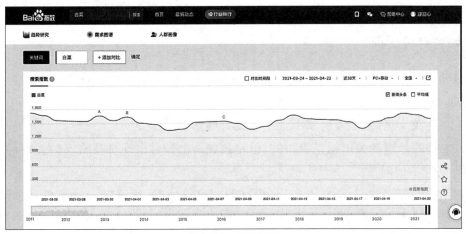

图 2-15　百度指数

(4) 百度营销。

百度营销的关键词推荐与百度指数类似,但其功能更为强大。在这里可看到展现理由、日均搜索量和竞争激烈程度等,这些参考数据对选择关键词有更好的辅助,如图 2-16 所示。

图 2-16　百度营销

2. 理解关键词

在收集所需的关键词之前,明白一般人是怎样使用关键词是十分重要的,人们在搜索时一般是不会使用单个词,而是使用短语或者词组,这样对于选择什么关键词用在描述里就起到更重要的作用。

3. 处理关键词

将收集到的关键词进行整合,把它们组成常用的词组或者短语,很多人在搜索时会用 2~3 个字组成的词,并且不会用普通的、单个字作为关键词。

4. 舍弃关键词

在进行关键词设置时,还要敢于舍弃一些关键词,如那些用户搜索时很少用到的关键词,包括以下几种。

(1) 在英文里,在搜索引擎中大小写没有区别的。

(2) 拼写错误的关键词是没用的,但是找到一个经常出现拼写错误的关键词可以额外提高你的访问量。

(3) 去除停用的词;没有人会用"最好的""疯狂的"等词语进行搜索,如果产品关键词里有这些描述,要去掉。

5. 最佳关键词

通过长期观察去除一些没有人用或者较少使用的关键词,剩下的就是需要长期推广的关键词。

6. 关键词密度

通常来说,网页上会有数以百计的词语,那么搜索引擎是怎样分辨哪些是描述你的产品的重要词语的呢?

搜索引擎会统计平台上一个页面的字数,而那些重复出现的词或者短语会被认为重要一些;然后搜索引擎利用自身的算法统计页面中每个词的重要程度,关键词字数与该页面字数的比例称为关键词密度,这是一个搜索引擎优化策略最重要的因素;因此为了更好地被搜索到,你的关键词必须在页面中出现若干次,或者在搜索引擎允许的范围内尽量多的出现。

7. 突出关键词

在有价值的地方放置关键词。搜索引擎会专注于产品页面中某一部分的内容,处于这一关注部分的词语会显得比其他部分的词语重要得多,这就是所谓的"突出关键词"。

第 3 章 搜索引擎广告

知识导读

搜索引擎广告(Search Engine Ad,SEA)是指广告主根据自己的产品或服务的内容、特点等确定相关的关键词,撰写广告内容并自主定价投放的广告。当用户搜索到广告主投放的关键词时,相应的广告就会展示(关键词被多个用户购买时,根据竞价排名原则展示),并在用户点击后按照广告主对该关键词的出价收费,无点击不收费。

Google Ad Words 是谷歌广告关键词,它是谷歌面向商业公司提供的一种快速简单的购买广告应用服务的方式,这种商业广告服务的针对性很强,无论商业公司或企事业单位的预算金额有多少,它都是按总点击量计费(CPC)的。

所有企业在 Google 投放广告时都必须要用到 Google Ad Words,因此你所见到的 Google 广告都是通过 Google Ad Words 投放的。

学习目标

- 了解 Google Ad Words
- 了解谷歌广告类型
- 了解谷歌关键词

能力目标

- 熟练掌握关键词的定位
- 掌握 Google Ad Words 账户的设置
- 掌握高关联度的广告文案的撰写

3.1 Google Ad Words 概述

3.1.1 常见的 Google 广告

1. 搜寻广告

搜寻广告的另一个名字就是关键词广告,关键词广告的优势在于精准度(见图 3-1)。假设我是某餐厅的广告宣传负责人,想让更多的用户在搜索餐厅时看到我的广告,我可以购买"餐厅推荐"这组关键词,但是要在特定的区域投放餐厅搜寻广告。点击付费(Pay Per Click)是 Google 关键词广告的收费方式。根据数据统计结果,购买关键词所需的价格是由关键词竞价排名决定的,因此关键词广告采取的是竞价收费模式。

图 3-1 关键词广告

当资金预算不足时,可以选择其他具有关联性,同时竞争度又没那么高的关键词。

2. 多媒体广告(GDN)

当通过 Google 搜索信息时,网站会显示一些不同的视频、文字、图形广告,大多是谷歌的 GDN 广告。GDN 的特点是根据用户数据库,例如年龄、性别、区域、兴趣等快速、大量地曝光广告,在 Google、Gmail 等控制你的 GDN 广告出现在特定类型的网站上。将广告曝光在相关的网站将有助于提高广告成效。

3. 广告购物

可以将公司的产品品牌通过网络营销,例如当我们使用 Google 搜寻"餐厅"关键词时,会弹出许多与"餐厅"相关产品缩略图(见图 3-2)。

图 3-2 广告购物

4. 影片广告

影片广告是比较常见的广告类型,就是将产品广告放在视频播放之前,用户需要看完你的产品广告才能继续浏览视频。例如,可以把产品广告投放在当 Google 用户在搜索"歌手"关键词时,当然你也可以把产品广告投放在当 YouTube 用户在搜寻"好听的歌"关键词时。

5. 应用程序广告

应用程序广告就是通过 Google 推广 APP,其实和搜寻广告是类似的,一个导到一般页面,另一个导到 App 下载页面。

3.1.2　Google Ad Words 运作模式及关键字广告收费方式

Google 根据数据库信息确定投放广告的区域,那么为什么有些企业的搜寻结果可以靠前排名,而有些只能出现在搜寻结果底部,甚至是后几页?这些关键词广告的排名是由什么决定的?核心就在于 Google 关键词广告的收费方式。

用一场拍卖会形容 Google Ad Words 的运作模式恰到好处,它通过竞价确定谁可以拥有关键词,并给出关键词的价格。

另一方面,Google Ad Words 也看广告制作的表现力,表现能力越好,越能得到更高的曝光率,而不是仅仅看你的出价。因此,专注提高网络广告产品品质,就会对你的广告重新排名,即不一定是价高者得,这是中小企业的机会.。

3.2 关键词和关键词定位

当用户在 Google 搜索相关关键词时,会出现广告业主设定出现的广告内容。Google 则会根据广告的点击率和成交量向广告投放者收取费用,也就是一定时间范围内用户搜索相关关键词时,你的广告被人看到的点击率。谷歌的专门管理提供了专注于关键词研究的工具——谷歌关键词规划师(Google Keyword Tool),它是一个基于关键词搜索的查询数据库,可以获取每个 Google 关键词的搜索指数,包括字词、词组、网站或者类别,以及查询关键词商业价值的工具。该工具主要用于帮助获取自然搜索信息和其排名的竞价用户,这对于产品的市场定位、公司产品策略、SEO 和 SEM 来说都是一个非常重要和有用的工具。

广告关键词工具的两个主要功能:关键词变化和网站相关关键词。关键词分析工具会根据输入的关键词及其不同类型的业务自动匹配信息。因此,将匹配类型设置为"精确匹配"将获得关键词的搜索数据信息;如果设置为"广泛匹配",则将获得关键词及其长尾更改的总搜索次数。

3.2.1 关键词与匹配方式

- 品牌词:网站的网址,你的品牌名称是关键词。
- 竞争对手品牌词:对手网站的网址或名称是关键词。
- 产品词:一个产品名称至少就是一个关键词。很多时候,一个产品用英语表达可以延伸出几个或数十个关键词,包括单数、算术、同义词、两个英文单词的顺序颠倒、空格等。

另外,如果网站只有英语,使用英语关键词的转化效果也会比使用其他语言更理想。

可以在开始进行关键词调查时先分析了解 Google Ad Words 的账户管理结构。如图 3-3 所示,您可以在账户下创建大量广告活动,广告活动下将有很多广告组,广告组下将有不同的广告。

广告组设置可以根据您的产品或服务分组,以匹配不同的关键词。下一层是广告本身,你可以精确地设置你的客户会看到什么。

那么,应该设定哪些关键词呢?你必须从用户的角度思考,他们会用 Google 搜索什么关键词,每个关键词都是一笔输出,不要撒网,每个关键词的选择都必须基于证据。记住这一点,你可以遵循一个简单的规则选择你的关键词:关键词的搜索量和关键词的相关性。

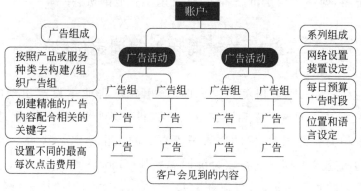

图 3-3 账户管理结构

(1) 关键词的搜索量。搜索量代表关键词的受欢迎程度,搜索该关键词的人越多,从该关键词获得的流量就越大。

(2) 关键词的相关性。关键词的相关性表示每次点击都会导致订单的可能性。这意味着你投资的关键词与你的产品越相关,你就越有可能获得订单。如果在搜索量和相关性之间做出选择,相关性更重要。

例如你卖童装,你会想到这些关键词:童装,童装网店,童装网上,童装品牌,童装店,童装尺码,等等。但是你会选择哪些关键词呢?怎么分类关键字?关键词分类主要有两大类,初学者只要掌握这两类就足够了,范围广、区别最大的就是充分比较。因此,建议根据不同的匹配方式设置广告组。

3.2.2 Google Ad Words 特色

(1) 用户做主。关键词是 Google Ad Words 广告服务的特色,本身没有受限制的条件。用户点击了您投放的广告时,Google 才会产生费用,这样的产品更有说服力。依照数据库信息定位,就可以针对一些特定语言或者特定区域进行广告投放。

(2) 影响范围广。Google Ad Words 不仅可以针对特定的区域进行广告投放,还可以全球投放,同时可以进行相关的"产品关键词"注册,数量也不受限制。

(3) 针对性强。一般来说,顾客不会主动来找你,传统的广告模式会有这样的干扰。投放广告的前提是你的广告关键词与页面有高度关联性,用户才会发现,它可以基于用户实时更新的状态投放针对性广告。

(4) 按广告效果付费。区别于传统广告依据广告时间长短计费的投放模式,依据用户的访问网站点击率和购买率计费,客户可以根据广告投放的效果灵活地控制广告投放成本。

3.3　Google Ad Words 账户设置

3.3.1　Google Ads 账户注册

Google Ads 账户注册有两种方法，一种是个人直接开通，自己运营管理，适合经验丰富、爱研究且有时间的人。在前期需要准备一个 Gmail 邮箱、VPN、信用卡和网银（支付），然后通过 VPN 进入 https://ads.google.com 进行注册（见图 3-4）。

图 3-4　Google Ads 账户注册

另一种是将谷歌广告托管给有资质的代理商，这样不需要自己操作，代理商会负责安装相关工具，用来分析竞争对手和行业，并根据数据给出运营策略和技巧，企业可以提高工作效率并节省成本。

3.3.2　Google Ads 账户设置

1. Google 广告的架构具体分为

- 广告账户（Account）
- 广告系列（Campaign）
- 广告组（Ad Group）
- 广告（Ads）
- 关键词（Keyword）

一个广告账户可设置多个广告系列，每个广告系列可设置多个广告组，每个广告组可设置多个具体的广告和关键词。

2. 设置广告组和关键词

一个广告组可以包含一个或多个广告以及一组相关的关键词。要想获得最佳效果，请尽量让一个广告组中的所有广告和关键词均围绕一种产品或服务。高度相关的关键词配合高度相关的着陆页，有助于提高 Google Ads 广告展示的排名比率。

对外贸企业来说，必须有清楚的关键词词库，词库一定要全，能覆盖所有的业务产品，对后期优化很有好处。做好这一点，需要足够了解自己的产品，同时使用 Key Words Planner 进行分析，刚开始可以从最有可能转化的关键词开始，通过一段时间的测试和积累，根据 ROAS 值筛选出最好的一批词。

目前，有一种流行的做法是 SKAG(Single Keyword Ads Group)，即只有单关键词的广告。一个广告组里面设置一个关键词，并用不同的关键词匹配模式进行组合，以使用户在搜索相关词时触发广告，这样可以帮助企业获得较为精准的流量，剔除多余的"脂肪流量"。

3. 关键词匹配模式选择

关键字匹配模式有助于控制 Google 上的哪些搜索查询可以触发您的广告进行展示。谷歌提供的关键词匹配模式有四种：广泛匹配(Broad match)、广泛加修饰符(Broad match modifier)、词组匹配(Phrase match)和完全匹配(Exact match)。详细规则及示例可参照 Google 官方提供的中英文对照图，以理解它们之间的区别。

4. 广告编写及附件信息

Google Ads 其实就是架在广告主与用户之间的一座桥梁，通过广告系列、关键词和关键词匹配模式的选择以及竞价环节后，广告展示到了用户面前，这时就要看广告文案是否能吸引目光，触碰到用户的需求，促成点击进入"着陆页"。

广告文案通常由三个元素构成：标题、URL、公司简介/产品服务简述。在这里还是要说明几点常见问题：注意字符数限制，标题为 30 个字符以内，公司简介为 80 个字符以内；不要出现其他的品牌词，不使用叹号；尽量避免专业化语言，从用户的角度描述产品，除非目标用户是专业人士；研究用户心理，讲出用户感兴趣或对他们有益的信息，如广告中可出现打折、优惠等信息，有数字就尽可能用数字表达；确保着陆页和搜索一致或高度相关，用户跳转率高也会降低广告评级；同时还要考虑用户在手机端浏览广告时，由于手机界面大小的限制，产品/服务描述要尽量简单突出，使文案效果最大化；适当使用号召性语言。

Google Ads 还有很多细节操作需要注意，例如预算和出价策略、地址位置、投放时间的分析，广告指标监测及优化调整等，因为篇幅原因，这些内容不再详细分析。

3.4 Google Ads 账户后台设置

1. 建立广告活动

建立 Google Ads 账号后,还需要建立广告活动(见图 3-5)。

图 3-5 建立广告活动

2. 选择广告类型

开始设置广告前,要根据你的目标、产业、产品特性决定要投放的广告类型,目前 Google Ad Words 把广告类型分成五大类,如果你是广告新手,建议先以搜寻广告(关键词广告)开始(见图 3-6)。

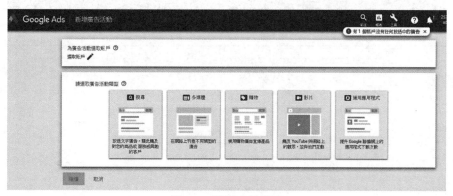

图 3-6 选择广告类型

3. 选择达成目标

多数人投广告,总是被 Google Ad Words 烦琐的设定搞得晕头转向,选取目标这一点也常常被很多人忽略,每个人使用 Google Ad Words 的目标都不一样,有些是要提高网站流量、曝光度,有些是要增加来电次数、App 下载量,因此请依据你的目标进行选取,Google 也会尽量协助你达成所设的目标。

举例来说,你选择的主要目标是"鼓励采取行动",子目标则是"致电您的商家";制作广告活动时,您就会看到"来电额外资讯"等有助于达成这个目标的功能(见图 3-7)。

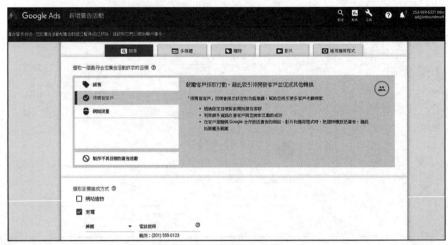

图 3-7　设置达成目标

4. 关键词广告活动目标

在把你的关键词广告投放出去前,要先设定以下选项。

(1)地区。可以设定你要投放的区域,也可以设定要排除哪些地区(见图 3-8)。

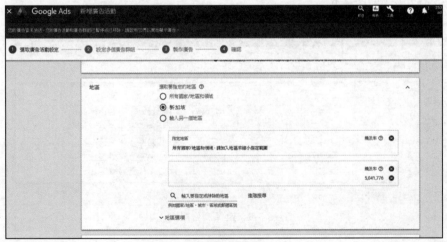

图 3-8　关键词广告活动目标

(2)语言。如果你的市场是新加坡,则可以选择中文,过滤一些在新加坡生活的外国人。

（3）预算。你可以设置"标准"或是"密集"，若是标准，你的广告预算将会在 24 小时内平均使用，如果是密集，顾名思义 Google 会大量曝光你的广告，如果你的预算不够多，搞不好还不到中午预算就被用完了，导致你的广告永远不会在晚上被人看到。

小诀窍：预算不够多时，用标准即可，密集适用于短时间高曝光，例如限时特惠活动。

（4）出价。出价方式有三种，若你只是 Google Ad Words 的初学者，建议用点击计价，如果你担心钱花得太快，也可以设置最高单次点击出价上限。

假设你设定上限为 15 元，那么 Google Ad Words 每次向你收的点击费用不会超过 15 元，但是如果你设得太低，你的广告是不容易被曝光的，因为出价比你高的人可是很多的，每个关键词的价格依据竞争程度都有差异，请利用关键词规划工具决定你的出价。

（5）开始与结束日期。记得设定结束日期，否则你的广告会一直投放下去。

（6）目标对象。这项功能类似 FB 广告的"兴趣"，如果你今天想推销运动用品，你的广告受众就会选择与运动相关的客户群（见图 3-9）。

图 3-9　目标对象

到此已经完成基础的设定，接下来要设定的是"广告额外资讯"，提供更多的资讯给客户，像是满千免运费之类的，以提升关键词广告的点击率（见图 3-10）。

5. 设定广告群组

完成广告的基本设定后，要决定广告要出现在哪些关键词上，因此必须设定广告群组。

假设集客数据要做关键词广告，可以根据现有服务决定要打的关键词，因此可能会选择 SEO、广告的相关关键词，下面分别建立两个广告组（见图 3-11）。

切记：不要把关键词都放到同一个广告组，因为"广告"和"SEO"是完全不一样的

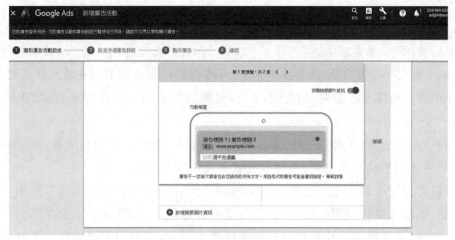

图 3-10　广告额外资讯

图 3-11　设定广告群组

东西,彼此适合的文案自然不一样,如果你只设一个广告组,那么你的点击率不会太高。

还有一点是很多人常常忽略的,那就是关键词的比对类型,如果设置得不好,常常会让你的广告点击率降低许多。关键词类型有三种,下面用"鞋子"这个关键词当作例子。

1）广泛比对

所谓的广泛比对就是只要Google判断与该关键词与"鞋子"类似，你的广告就会被投放。Google可是会在一些奇怪的地方秀出你的广告，例如：

- 鞋子推荐
- 鞋子有异味
- 鞋子该怎么洗

发现问题了吧？后面两项搜寻根本不是想买鞋子的人会搜寻的，或许你会觉得反正这些人也不会点击，我不用花钱有什么差别？

但你要记住，如果你的点击率很低，Google可是会提高你的每次点击成本的！如果你没有特别设定，你的关键词预设默认都是广泛比对。

2）词组比对

词组比对会纳入你选择的关键词以及相关关键词，与广泛比对不同的是，词组比对只会纳入顺序正确的相似关键词，以下是你的广告会出现的关键词：

- 鞋子推荐
- 鞋子异味

但是如果关键词顺序改变了，广告就不会显示：

- 大鞋推荐
- 好鞋推荐

3）完全比对

完全比对很简单，就是你设定的关键词是"鞋子"，那么你的广告就只会出现在"鞋子"这个关键词上面。

6. 针对不同广告群组设计不同的广告文案

广告文案的设计也是一门大学问，教大家几个技巧，先去Google看看这个关键词下的广告，其他人的文案都是怎么设计的，你的目标就是创造一个你觉得更有吸引力的标题。如果想进一步了解如何撰写出吸引人的关键词广告，可以参考相关文章（见图3-12）。

7. 发布广告

发布后，你的广告不会马上出现在Google上面，Google会先审核，审核后，你才能看到你的广告（见图3-13）。

要知道自己的广告表现好不好，可以看Google广告的独特指标"品质分数"，广告品质分数是Google依据你的广告表现给予1～10分的评价，维持高的品质分数是帮

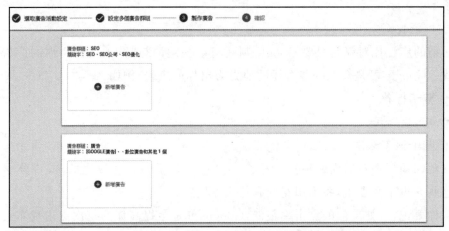

图 3-12　广告文案设计

图 3-13　发布广告

客户操作广告时非常重要的一环,因为品质分数低需要付出更多的广告成本,这也是 Google 很特别的政策,你的广告表现越好,你的每次点击成本越便宜。

影响品质分数的三大因素如下。

1)广告关联性

关联性可以从文案来看,如果你的关键词是"衣服推荐",但是你的广告文案没提到任何相关的词,你的广告就没什么关联性。

2)点阅率

点击率影响了超过 60% 的品质分数,毕竟点击率最能直接看出你的广告表现。

Google 不会单独看每则广告的点阅率,它会同时考量和你出价同一关键词的其他广告主获得多少点击率以及你的广告在网页中显示的位置。

3）到达网页体验

到达体验取决于你的广告与到达页面是否有关联,如果你的广告标语用"免费"吸引点击,结果点进来的人并没有找到任何与"免费"有关的物品,那么到达体验自然不会好。

广告评级决定你的关键词广告排名。

关键词广告除了看出价,也会看广告品质,而广告实际排名计算是由广告评级决定的,你的评级分数越高,你的广告排名就越靠前,可以看出品质分数的重要性。

$$广告评级 = 出价金额 \times 品质分数 + 广告额外资讯$$

假设我今天出价 10 元,而我的广告品质分数达到 10 分,我的广告排名还是会在出价 20 元而品质分数只有 4 分的人前面,因此好的广告能让你省下一半的成本。

如果你的出价金额与品质分数和对手一样,接下来要比的就是广告额外资讯(见表 3-1)。

表 3-1 关键词广告费用评估

广告主	出价(每次点击)	品质分数	广告评级	广告排名
获客数据	10	10	100	1
广告主	20	4	80	2

如果你是刚入门的新手,不清楚 Google Ad Words 收费方式,建议你搜寻你要选取的关键词,确认平均关键词出价(用关键词规划工具查看),如果你用广告推广讲座,而你要打的关键词平均出价是 10~20 元,你可以用中间值 15 元初估你的广告成本:

15(点击成本)×200(点击人数)×10%(转换人数)= 10 人(报名成功人数)

所以你可以预设吸引到 10 个人可能需要花 3000 元,再依据你想要的人数增减你的预算。

当你的广告正在投放,你需要查看广告报告确定广告成效,广告术语就是你需要知道的,以下是常见的广告术语(见表 3-2)。

表 3-2 常见的广告术语

英　　文	中　　文
Impression	曝光次数:你的广告被看到的次数
Reach	触及人数:你的广告被几个人看到
Frequency	频率:每个人平均看到你的广告几次,建议不要超过 5 次,太多次客户会疲乏
CPC(Cost Per Click)	每次点击成本:每次客户点击你的广告,你需要支付的费用

续表

英　　文	中　　文
CPA(Cot Per Action)	每次完成行动成本：行动会依据你的目标有所不同，可以是顾客完成会员注册，也可以是顾客填写报名表单
CPM(Cost Per 1000 impression)	每千次曝光成本：每一千人看到你的广告，广告主所要支付的广告费用
CTR(Click-Through Rate)	点击率：人们看到你的广告并且点击广告的比例
CVR(Conversion Rate)	广告转换率：人们点击广告以后转换的次数
ROI(Return On Investment)	投资报酬率：ROI 的计算需要扣掉产品的成本
ROAS(Return On Ad Spend)	广告投资报酬率：ROAS 的计算不需要扣掉产品的成本，一般广告都是以 ROAS 为准

3.5　撰写高关联度的广告文案

3.5.1　撰写独特、高关联的广告文案

首先必须与你竞标的关键词有紧密的联系。广告的文案需要呼应网民的搜索意图，也必须和你竞拍的关键词有关。企业主通常在这项工作项目上投入的精力太少。广告客户应该从三方面投资广告文案工作：

(1) 文案与相对应的关键词互相呼应；

(2) 文案回应使用者的搜寻意图；

(3) 精准描述品牌与网站的内容。

3.5.2　成功的广告文案

一个成功的广告文案具有以下几点要素。

(1) 在文章标题上需要使用关键词，在广告文案的第一行和第二行使用关键词。加入呼吁行动(call to action)的文字，加入优惠或者促销讯息。传达自己的竞争优势，对你的受众说话。让搜寻的使用者知道他们在你的网站上可以找到什么内容。加入急迫感(折扣只到今天之类的)，并且及时回答搜寻者的问题。

(2) 为什么文章中的广告文案如此重要？广告文案之所以重要，有两方面的原因：一方面，广告文案是连接用户搜索意图和你的内容网站的重要纽带，想要吸引到转换度高、高品质的用户，你撰写的文案必须与网民的搜寻意图关联度高；另一方面，点击率是品质分数作为竞价参考的决定性因素，较高的点击率会有较高的质量分数。因此，较高的点击率和用户的搜索意图和广告文案相关。

第 4 章
跨境电子商务社会化媒体营销

知识导读

社会化媒体营销是利用社会化网络、在线社区、博客、百科或者其他互联网协作平台媒体进行营销、公共关系和客户服务维护开拓的一种方式,又称社会媒体营销、社交媒体营销、社交媒体整合营销、大众弱关系营销。

在网络营销中,社会化媒体主要指一个具有网络性质的综合站点,而它们的内容都是由用户自愿提供的,而不是直接的雇佣关系,这就需要社交思维,而不是传统思维模式。

学习目标

- 了解海外社会化媒体的价值
- 了解最佳社会化营销实践
- 了解新的社交网络平台

能力目标

- 熟练掌握博客营销技巧
- 掌握 Twitter 营销技巧
- 掌握 LinkedIn 广告模式
- 掌握 Facebook 专页推广

4.1 海外社会化媒体的价值

当前,由于疫情的影响,世界经济处在复苏中,"逆全球化"思潮升温。这表明贸易在退潮,各国之间的联系在下降,商品、投资和人才全球流动的势头出现了某些减弱。中国提出的"一带一路"倡议以"共商、共建、共享"为原则,以构建人类命运共同体为远景的指导思想赋予了全球化新的内涵,将使全球化进程更有活力、更加包容、更可持续。

据Hootsuite发布的报告显示,有超过45亿人正在使用互联网,而且在社交媒体领域已突破38亿用户。世界上近60%的人已经在使用网络,在不久的将来,移动社交媒体将成为人们生活中不可或缺的一部分。

该平台已经可以实现在线交流,包括自媒图文发布、多语种新闻发布、视频信息传播等。线下推广包括媒体采访、新闻广播和记者招待会结合的三维媒体营销模式。

根据Hoostuite的最新数据,目前全球有超过38亿的社交媒体用户。这些相关的媒体资源已有效覆盖了4万多家境外机构新闻媒体,可以通过40多种语言发布。在这其中,YouTube是基于视频增长最快的自媒体信息平台,Facebook的用户量最多,Instagram,Twitter和LinkedIn同样也是国内品牌在海外营销的主要渠道。

报告显示,大多数(56%)的营销人员计划尝试直播营销,还有48%的营销人员希望使用讲故事的形式进行产品营销。

4.2 社会化媒体营销

社会化媒体营销就是利用社会化网络、在线社区、博客、百科或者其他互联网协作平台和媒体传播和发布资讯,从而形成营销、销售、公共关系处理和客户关系服务维护及开拓的一种方式。一般社会化媒体营销工具包括论坛、微博、微信、博客、SNS社区,图片和视频通过自媒体平台或者组织媒体平台进行发布和传播。

相关的社交媒体平台有YouTube、Twitter、Facebook以及一些自媒体平台等。

1. 社会化媒体营销三个重要的方面

(1) 通过商业策划的手段创建与产品相关的大量信息数据流,并且用具有价值的制造新闻事件、制作视频、撰写推文、推送博客的方式吸引人们的眼球,这些信息自然成为了病毒式传播的内容。假设仅仅通过购买广告位的方式,病毒式传播是无效的,由用户自发进行的传播才是有效的。

(2) 通过建立特定的双向信息传播渠道可以让公司品牌的粉丝或者相关商业公司产生有效互动,并以多种多样的方式推广品牌的产品信息。相关的社交媒体平台有YouTube、Twitter、Facebook以及一些自媒体平台等。

(3) 通过对话的方式可以允许用户参与和交谈,实际运作过程中,社交媒体营销并不全是由商业公司控制的。同样,社交媒体营销必须涉及所有员工,也必要尊重用户的个人情感。

2. 社会化媒体营销的目标

1）流量是核心价值

流量目前是社交媒体的价值核心，只有有流量的社媒工具才有价值。通过使用现有的社媒工具可以推荐他人发布的相关的产品信息内容。通常公司都会要求每周在公司网站社交媒体上有相关的产品信息内容更新。通过公司团队的商业流量操作，直接通过自媒体、社区论坛、社交媒体等媒介进行交叉传播，可以增强病毒式的内容传播。

2）建立更多的站点链接

链接建设是进行搜索引擎营销时的关键部分。而社交媒体营销恰恰消除了这个需求，并帮助产品建立有效的信息链接。当流量用户或站长发现感兴趣的相关产品信息时，他们的下意识反应通常是直接点击链接，并且在自己的网站或博客上进行分享。越多的链接指向你的产品网站，搜索引擎发现你的产品的机会就越大，排名信息也会越靠前。

3）认识你的品牌

通过大范围的信息推广可以让品牌信息深入客户的内心，通过这样的方式，可以让用户在有需要时购买你的产品或服务。提前给用户留下良好的第一印象，就必须提前将产品信息推送给各类用户，因为社交媒体营销的关键理念就是推荐相关的产品信息。

4）用户的增量

在任何产品的推广中，用户的增量数据都显得特别重要。为了使社会化媒体营销能够产生最大效益，同时能够通过引导用户最终购买产品或服务，必须对有创意和关注度的产品信息进行展示，前期需要进行足够多的营销管理调研和策略研究。相反，产品展示效果不好可能是由于前期调研信息不足，最终可能会导致消费者忽视你的产品。

5）促进传播

什么情况下意味着人们已经在谈论你的产品？是一个广告图片，还是一段视频信息？假设你的社交媒体已经吸引了很多流量和用户评论，那么你的传播策略就是成功的。这些流量和用户评论是非常有价值的，这种价值可能不是马上变现，但也会在不久的将来变现。

3. 社会化媒体营销的使用

1）放弃对消息的控制权

在社交媒体的今天，每个个体都可以是信息的创作者和发布者，我们无法控制，但是可以通过大数据进行监控和管理。毕竟,目前有将近 40 亿的网络用户可以个人发布信息,而且是随时随地的。

而且必须承认,我们再也不能像以往一样轻易地控制自己的新闻了。现在的营销人员能够通过自己的社交媒体制作信息并传播,但是用户的转发和评论等是不受限制的,每一个客户都可以用特定的方式和渠道表达自己的看法。

2) 投入更多时间和精力

在现在的网络空间中,不是每个人都能够一夜成名,同样,产品传播也不能在一夜之间实现有效的传播目标。

随着时间的推移,还是需要不断推陈出新,才能跟上社会产品的发展,才能长期处在时代的前列。让用户知道你是一个长跑运动员,要坚持加强社区参与,并长期保持信任关系。

4.3 Twitter 营销

4.3.1 什么是 Twitter 营销

Twitter 中文翻译为推特,和国内的微博类似,它允许用户以较短图文信息的形式向网络推送信息,而它面向的不仅仅是个人,而是这个推特的用户群体,因此它的用户群体广泛,同时信息也会根据点击率和评论量等数据信息再进行推送。

4.3.2 Twitter 营销案例一

目前,戴尔作为擅长渠道和销售的全球第二大 IT 品牌,在博客、Facebook、YouTube 和 Twitter 等社交媒体的成功推广使得它的产品吸引了外界的高关注度。其中,打折信息的推送是 Twitter 社交媒体营销策略的关键部分。

在此之前,戴尔利用 Twitter 为其旗下企业的每个产品线都建立了一个自己的网页,同时为@DellOutlet 账户的用户提供针对性的产品折扣信息。

戴尔的官方 Twitter 数据库信息非常庞大,其中,戴尔@DellOutlet 账户是 Twitter 上订阅人数最多的 50 个账户之一,拥有超过 50 万的订阅用户。在目前全球经济低迷的背景下,给用户推送一些温馨的内部折扣消息自然会吸引不少消费者。

通过这个案例我们发现,专注于新兴社交媒体以赢得营销机会,巧妙地利用 Twitter 的关注机制吸引很多的针对性用户,这不仅提高了戴尔推特账户的知名度,而且通过内部独家优惠增加了粉丝的忠诚度。不仅如此,戴尔也在其他社交媒体上全方位展开宣传,例如 Facebook、YouTube 等,更全面地展开对潜在消费者的影响。

当然，戴尔的 Twitter 营销策略是成功的，它需要牢记一连串的用户评论、收集评论，以及强调员工在使用 Twitter 进行信息传播时的安全性问题。

4.3.3　Twitter 营销案例二

下面说说经典的哈佛神童案例，他在 Twitter 打造的 Zappos 之所以成功的关键是终极的客户服务体验，从 24 小时内到货到一年无条件退货，再到送出两种尺码的鞋子让顾客试穿，每一位 Zappos 的用户都感受到了特别的服务。

谢家华在自己的推特账号上展示了自己精彩的私生活，不仅吸引了更多的用户群体，而且对 Zappos 产生了各种积极的影响。而国内各大公司的 CEO 也纷纷模仿，以此吸引更多的流量和关注度。现今，谢家华拥有超过 30000 多个用户。此外，在谢家华的领导下，该公司拥有超过 400 个员工 Twitter 账户。同时，公司还提供相应的培训课程，指导员工如何使用 Twitter 进行产品宣传和推广。

谢家华在推特上总结了成功的经验，他说："没有人愿意与公司或组织建立关系。但是推特等社交媒体可以帮助客户了解公司内部的人，让他们看到活生生的、真实的个人。"

案例启示：全面构建客户沟通平台，这位传奇人物的个人经历和幽默、睿智的短文吸引了众多旁观者的目光，而不是直接宣传其产品的优势和性能，从侧面更好地起到了宣传的效果。一方面以"服务至上"为宗旨，通过口碑传播得到了较高的回报率，同时客户满意度也一直很高；另一方面，通过 Twitter 用户可以使用简短的图文信息与他人交流，从而交流感情，建立良好的用户关系。通过 Twitter 平台的公司文化和商业目标的结合创造了良性循环（见图 4-1）。

图 4-1　一则 Twitter 营销案例

4.3.4 在 Twitter 做好中国品牌的宣传

1. 与海外节日活动结合

以大疆为例,大疆一直在积极开拓海外市场,从各种节假日入手,使得大疆在热点节日,如圣诞节、情人节期间成为情人、亲人之间的礼物之选,并不断在 Twitter 造势。如今年妇女节,为了提升大疆在女性群体的影响力,大疆进行了专题宣传,让女性用户了解无人机的便捷操作。同样,华为与 Twitter 在印度也有成功的合作。

2. 与本土文化特色结合

Twitter 是国内品牌做跨境电子商务营销的必然选择,因为从用户量和覆盖范围来说,它都是品牌宣传范围最大的社交平台。Twitter 为帮助美图手机品牌进行策划宣传,利用日本每年传统的烟花大会作为商业卖点,告诉用户只要使用美图手机记录拍摄,就可以拍出更精美的烟花照片。

3. 注意风险

和国外社交媒体合作的同时,也要注意风险。在 2021 年 1 月 29 日《纽约时报》中文网的一篇名为《华为如何在海外开展影响力宣传攻势》的报道中,就体现了一种虚假宣传风险,这对中国品牌的文化输出是一种伤害,我们必须要懂得如何保护自己的品牌形象,勇于澄清事实。

4.4 Facebook 专页推广

要想用新注册的 Facebook 账号做专页推广,必须先了解 Facebook 的推流算法,然后根据规则制定相应的广告投放策略。

技巧一:不要用加强推广帖子(Boost Post),用广告管理员(Ads Manager)。

目前很多老用户用加强推广帖子投放广告,这种做法没错,但是可用的设置会比用广告管理员投放广告时少。你会失去一些精准设置,如营销目标、受众语言设置以及排除功能等。

技巧二:位置设定——某地址多少范围内。

你可以指定你的广告受众,即某地址多少范围内的人可以看到广告。你可以根据居住地址、最近地点、旅行地点等进行设置,适用于实体店及一些地区性的生意。

技巧三:详细设置-不要只用兴趣(Interests)。

Facebook 可让你根据兴趣,例如摄影、烹饪、美容等设定你的受众。但是兴趣其实有时并非最好用的设定,因为一直以来判定兴趣不算非常准确,其次兴趣本身对某人的特质描述很模糊。

技巧四:详细设定——人口资料(Demographics)/行为(Behaviour)。

除了兴趣之外,详细目标设定还包括人口统计资料及行为,例如生日等信息。假设你的生日是3月,你可以推送一个广告,说"3月生日优惠,8折优惠",而你可以设定只让3月生日的人看到,适用于餐饮、旅游业等。

人口统计资料——父母(Parents)新手爸妈(0~12月)/待产母亲。假设你售卖婴儿用品,需要设定好这个设置。你可以设定1~2岁小孩父母、3~5岁小孩父母等,适用于玩具、教材、补习等行业。

人口统计资料——人生大事-订婚(Recently Engaged)。你可以设定最近一年、6个月或者3个月订婚的人。假设你是做婚嫁行业的,可以选择设定这个选项。另外也有新婚设定、地产及保险,也可以加些创意,有效运用新婚及订婚这两个设定。

技巧五:对手及行家专页/品牌。

在详细设定中,除了以上人口统计、兴趣、行为等,你也可以设定其他专页,从而吸引对手的粉丝到你的页面。例如你的对手的页面是你的客户群,你可在此输入对手的专页名称。这种做法是最有效、最容易精准设定目标客户的方式。

4.5 LinkedIn 营销

无可否认,LinkedIn在B2B市场上占有重要的地位,LinkedIn就像Facebook一样,有十足的人性化设计。

4.5.1 LinkedIn 广告教学

1. 设定 LinkedIn Campaign Manager

用法其实与Facebook Ads Manager十分相似。首先,用户需要进入LinkedIn Ad Manager的网页申请账号,可以在右边单击create ad按钮,之后开始设定account,包括公司的LinkedIn户口。如图4-2所见,account已连接上EDigital。

2. 设置 Campaign Group 和 Create Campaign

你可以设定你的Campaign Group。首先单击Create Campaign Group按钮,填入资料、开始和结束日期,之后新的Campaign Group会更新出来。下一步,单击右上角的"Create Campaign按钮(见图4-3)。

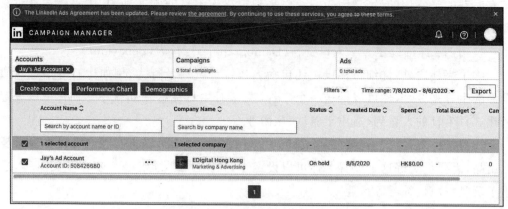

图 4-2　account 已连接上 EDigital

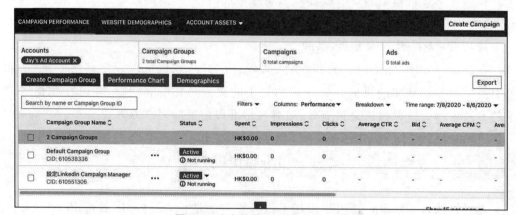

图 4-3　设定你的 Campaign Group

3. Create Campaign 内容

进入 Campaign 的页面可以就你的需要进行 targeting 了。由于算法和 Facebook 很接近，可以利用 Facebook 广告提升广告收入。以下是 LinkedIn 广告的分类锁定对象：针对其他试图触及相同 LinkedIn 会员的广告商进行出价；赢得竞标所需的成本取决于锁定对象的热门度。

出价：可以设置愿意为点击、曝光或已传送的 InMail 支付的最高金额。若赢得竞标，将支付比第二高竞标价多 1 美分的费用。

目标：选择的活动目标将决定活动出价选项。选择的出价类型将决定活动收费方式。

广告相关性评分：根据点阅率、回应、赞和分享次数等因素，广告会收到相关性评分。广告相关性评分越高，需支付的费用就越低。

LinkedIn 广告分别有 4 种广告收费模式，包括：

Automated bid

Target CPC

Enhanced CPC bid

Maximum CPM bid

这4种每个都有不同的strategies，之后会看到Estimate result，这个与Facebook界面一样(图4-4)。

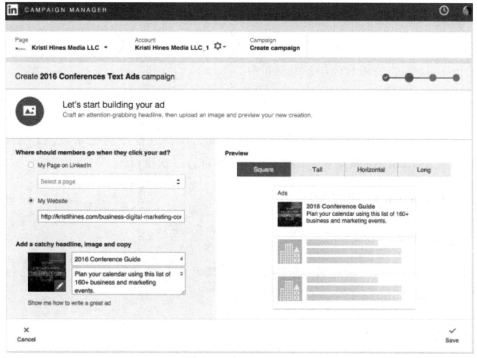

图 4-4　Estimate result

4. Create Adcopy 内容

最后，LinkedIn 会根据专页内的 post，你可以选择一个 Sponsor Ad 的 Ad。成功发布后，Sponsor Ad 就会在 Target Audience 的 LinkedIn feed 内看到你的广告。

4.5.2　LinkedIn Adcopy 广告格式

1. Text Ad

由于没有任何影片或图像，所以 Text Ad 的 CTR 会相对较低，但是它能给浏览者留下较深的印象。

Text Ad 的空间较小，文字局限较多，例如 headline 文字最多只能输入 25 个字，

description 最多只能输入 75 个字。

2. Sponsor Content Ad

Sponsor Content Ad 是最常见的广告类别,由于它会直接出现在用户的 LinkedIn news feed 内,所以使用得较多。Sponsor Content Ad 可以添加图片与影片,从而宣传公司的形象。

3. InMail Ad

2016 年,LinkedIn 正式推出 InMail Ad。每当举办一个大型活动、讲座等时,就可以用 InMail Ad 直接给目标用户发送信息。

4. Lead Ad

2018 年,LinkedIn 继 Facebook 后推出 Lead Ad。当有特别优惠或新产品推出时,可以借助 Lead Ad 收集更多的数据,并直接进行二次推广。

4.5.3　LinkedIn 广告收费模式

1. Automated bid

Automated bid(自动竞价)基于机器学习技术使 LinkedIn 的广告效用达到最大化。建议利用 Automated bid 自动调整预算。

2. Target CPC

Target CPC 可以根据设定的每次点击价格自动进行竞价,同时保证不高于 CPC 的价格。

3. Enhanced CPC bid

Enhanced CPC bid 可以在自动改变 CPC 的价格的情况下帮助用户接触更多的客户,但预算可能会有一定的上升。

4. Maximum CPM bid

Maximum CPM bid 可以手动为用户期待的回报设置最高金额。

4.6 博客营销

4.6.1 什么是博客营销

多年来,出现了各种类型的在线营销策略。较流行的方法之一是博客营销。这种方法具有多种优势,并且可以利用 Google 和 Bing 等不同的搜索引擎。

博客营销包括在博客站点上创建文本、音频或视频内容。这种做法直接影响品牌的可发现性。当人们在线搜索时,提供与搜索栏中短语相关的高质量内容的网站将出现在搜索结果的顶部,使品牌可以提高知名度和搜索引擎流量。

这种营销方式可能非常成功,因为许多公司已经使用它改善业务了。像所有营销方式一样,博客营销也有其利弊。

4.6.2 博客营销的优点

博客营销是一项长期战略。如果做得正确,这是一种高效的营销方法,可以带来令人难以置信的结果。以下是博客营销的主要优点。

(1) 网站的自然流量增加。运行博客营销策略的主要目标是为你的网站带来自然流量。最终出现在您网站上的人越多,可能购买你的产品或服务的潜在客户就越多。

(2) 在市场中成为权威。与他人分享的内容越好,品牌就具有越大的影响力。通过积极撰写博客,您的品牌会变得活跃起来,人们开始对您的品牌建立信任。如果更多的人将您视为市场中的权威,那么您很有可能会看到销售量的增长。

(3) 低成本广告。博客营销相对便宜,您所要做的就是找到一个创作者,该创作者将定期在您的博客上发布帖子。通常,公司内部员工可以编写内容,甚至所有者本人也可以在创建内容上投入时间。无论采用哪种方法,与其他方法相比,这都是宣传品牌最便宜的方法之一。

(4) 长期结果。运行博客营销策略意味着您将长期存在。仅当您的博客至少已有一年的历史并且具有足够的有用内容时,您才能得到一些真实的结果。但是,一旦结果开始出现,它们就可以很好的扩展,从而使您的第一条和最后一条帖子同样有效。

(5) 为其他在线营销渠道奠定良好的基础。无论您计划采用哪种数字营销方式,都需要建立一个博客,它是社交媒体营销、入站营销和电子邮件营销的必要基础。

4.6.3 博客营销的弊端

博客也有一些缺点。因此,在开始写博客之前,请确保了解博客的弊端,这将帮助您制订更好的计划,从而得到良好的效果。

构建好的内容需要时间。时间投入是创建高质量内容的最大弊端。需要制订一个计划,以在博客上投入时间。整个过程非常艰巨,但是如果正确完成,将会带来令人难以置信的回报。

结果将逐步显现。高质量博客的好处只有在以后才能看到,这是人们远离它的主要原因。并非每个人都愿意承担聘请创作者才能在博客写满一年后受益的风险。

必须保持一致。拥有不一致的博客比根本没有博客更糟糕。客户和搜索引擎都会注意到不一致的地方,会给品牌带来不良影响。

意识到这些弊端将帮助您建立更好的博客营销策略。在开始创建博客之前,请确保已了解要花一些时间才能使其高效。专注、一致并创建相关内容是确保博客营销成功的唯一途径。

4.6.4 博客营销的技巧

必须先制订合理的计划,然后才能开始博客营销活动,这是确定博客将对业务产生多大影响的唯一方法。从技术上来说,创建博客很容易,当开始查看要创建的内容类型时,真正的挑战就来了。

下面看看一些技巧,这些技巧可以帮助您朝正确的方向前进。

定义目标受众。您是为谁撰写博客的?这是应该问自己的第一个问题,它可以为博客选择合适的主题,并且可以建立需要的特定样式的内容。

建立发布时间表。在开始写作之前,先做个承诺:您打算多久写一次?每周一次?一周三次?每天?无论创建哪种发布计划,都请务必遵守。确保准备10~15个备用博客帖子,并在落后于进度时使用它们。

创建重要的内容。应该创建有用的内容,与业内其他人分享知识。高质量的内容是博客成功的唯一途径。创建此类内容将花费更多时间,但长期效果会更好。弄清楚要写的内容,置身于客户的考虑之中,并考虑他们会发现何种有用的信息类型。

使用不同的介质。通过视频、图像和音频丰富内容。不同的人享受消费内容的方式有所不同,为访客提供更多选择将带来更好的结果。此外,图像和视频材料具有更高的共享潜力。

确立目标。从开始计划博客营销策略的那一刻起,就要开始考虑通过内容实现的目标。想要更高的流量吗?想要更好的转换率吗?想要高品牌权威吗?考虑这些目标将确立内容的方向。

制订促销计划。发布博客文章时,一切还没有结束。应考虑可以用来推广内容的策略,与有影响力的人接触并建立社交媒体,这是博客推广的一个很好的起点。

跟踪结果,改进并重复。完成上述所有步骤后,就该抽出Google Analytics页面并查看内容效果了。查看哪种内容拥有最多的观看次数和分享量,分析结果并微调计划以获得更好的效果。之后重复整个过程。

4.6.5 博客营销的总结

已经知道什么是博客营销以及如何进行博客营销了,现在该开始制订博客营销计划了。不要忘记质量总是胜过数量。因此,请确保博客内容的每一部分都经过精心研究,并对读者有价值。

4.7 新型社交网络平台

本节讨论当今正在发展的一些受欢迎的社交媒体网站,您可以找出自己喜欢的社交媒体平台,了解一些今天就可以开始使用的在线社交平台。

1) Triller

Triller 的下载量已超过 2300 万,正迅速成为热门的应用程序,它是 TikTok 的直接竞争对手。这是一款基于 AI 的音乐视频应用,可让用户在几秒内拍摄出专业品质的视频,其功能与 TikTok 相似。用户可以创建音乐和口型同步视频,然后与关注者共享(图 4-5)。

图 4-5 Triller

2) WT. Social

WT. Social 由维基百科联合创始人吉米·威尔士(Jimmy Wales)创建。WT. Social 代表 WikiTribune,是一个新型社交网络,定位为 Facebook 和 Twitter 等大型商业平台的真正替代产品(图 4-6)。

图 4-6 WT.Social

WT. Social 是一个无广告的社交平台,其资金来自用户的捐款。WT. Social 的目的是使成员有权选择自己的内容,以培育一个在内容上具有完整性的社区。

3）Valence

瓦朗斯（Valence）是一个社交网络/社区,用于将专业人士联系在一起,有助于建立有意义的联系,从而创造就业机会并催生新的职业（图 4-7）。

图 4-7　Valence

4）Flip

Flip 是时尚市场中的社交网络平台。这是一项"一体式"时尚服务,用户可以在此给他人的服饰搭配,投票。然后,Flip 会建议用户购买类似的物品,然后将其发送到用户的家中（图 4-8）。

5）PopBase

PopBase 是一个可创建用户的虚拟影像的平台,然后通过用户生成的交互式内容帮助其与粉丝互动,它是一个内容交付平台,可以充当数字粉丝俱乐部（图 4-9）。

图 4-8　Flip

图 4-9　PopBase

用户可以探索一个名为 PopCity 的虚拟场所，在那里，他们可以发现创作者投放的内容更新、特殊比赛项目的奖品、游戏、独家视频，等等。

6）elpha

elpha 是一个独特的社交平台，技术领域的女性可以轻松而坦率地在线交谈，就像是只对女性友好的 LinkedIn。用户可以获得个人和专业的支持，以找到工作、商机并结交行业内的朋友（图 4-10）。

图 4-10　elpha

7）Yubo

Yubo 是一个新的社交网络应用程序，旨在重塑在线友谊，Yubo 通过创建一个可靠且安全的在线环境做到了这一点。

Yubo 的成员可以创建自己的个人资料（带有真实姓名和照片），并且可以像 Facebook 一样添加新朋友并一对一或分组聊天。这是一个 Facebook 替代品，用户可以使用它视频直播，任何人都可以发表评论（图 4-11）。

8）Peanut

Peanut 是一个面向母亲的社交平台，可以帮助她们找到朋友，并为她们提供有用的资源。Peanut 最近扩大了目标受众群体，覆盖正在尝试怀孕的女性（图 4-12）。

图 4-11　Yubo

图 4-12　Peanut

9) Houseparty

Houseparty 最初于 2016 年推出,是一个旨在面对面交流的平台。用户可以创建数字"房间"并一次性与 8 个不同的人进行视频聊天(图 4-13)。

图 4-13　Houseparty

每当朋友打开应用程序并加入房间时,用户都会收到通知以立即建立连接。用户可以创建多少房间没有限制,因此人们可以在不同的视频聊天之间浮动并保持联系。

第 5 章
跨境电子商务邮件营销

知识导读

作为跨境电子商务卖家,每天都要不断提高站内流量,随着行业竞争越来越激烈,站内广告成本也水涨船高,因此,站外推广引流是目前每一位电子商务卖家都面临的难题。下面分享一种精准高效的站外引流方式——邮件营销(EDM)。因为海外用户在日常工作和生活中更倾向于使用电子邮件,所以邮件营销也更适合跨境电子商务行业,卖家可以利用电子邮件对买家进行精准营销。

学习目标

- 了解邮件营销的概念
- 了解邮件营销的原理
- 了解高效邮件营销的方法

能力目标

- 熟练掌握邮件营销全球客户开发
- 掌握高效邮件营销的方法
- 掌握推广邮件营销成效的技巧

5.1 EDM 客户开发

电子直邮(EDM)也称电子邮件营销,是一种能够促进公司销售的网络营销管理手段,指企业向目标客户发送 EDM 邮件,建立沟通渠道,向目标客户直接传达相关数据信息。

将近 40 亿人定期使用 EDM,EDM 已经以某种形式存在了几十年。如果 EDM 对业务如此重要,那为什么会有这么多的 EDM 都是垃圾邮件呢?答案是虽然很多企业都做 EDM，但很少有人能够正确执行。

5.2　高效 EDM 营销

尽管社交媒体和即时信息已成为热门趋势，但电子邮件仍然是当今强大的线上通信平台之一，电子邮件的营销转化率远高于社交媒体营销和搜索引擎营销的总和。

然而，每个人的收件箱中都长期充斥着优惠、促销、新闻和活动推广邮件，这使得企业消息难以从中突围。下面介绍提高营销转化率的 3 种方法。

1. 简单为主

创建成功的电子邮件营销活动的第一步是准确了解想要达成的目标。电子邮件应表达主旨，同时尽可能简洁。包含大量信息的电子邮件不太可能引起用户的注意，人们一般只会阅读邮件中约 20% 的文字。

为了解决这个问题，需要一段精简而有吸引力的内容。不要使用太长的段落或句子，而是用副标题和小标题等帮助用户更容易地阅读文章。

为了使行动呼吁变得明显，可以在电子邮件中添加一个明确并有号召力的按钮或网页链接，并确保所有链接均指向同一个位置。

2. 主题引人入胜

47% 的收件人会根据主题决定是否打开电子邮件。一个引人入胜的主题是重中之重，它能促使收件人打开并阅读邮件。

电子邮件的主题必须同时达到几个目的：激发收件人的兴趣；传达电子邮件的主旨；反映品牌的个性；促使收件人采取行动。可以从以下几个角度设计主题。

（1）营造紧迫感。

主题包含"紧急""重要""限定"等词语。

示例："[周末限定]售罄之前请立即行动"

（2）引起收件人的好奇。

在主题中提出一个问题，并设定只能通过打开电子邮件回答。

示例："你的美容问题解决了吗？"

（3）重新定位客户。

提醒收件人尚未完成某项操作。

示例："你的购物车中的商品正在降价"

需要注意的是，要确保主题与电子邮件的内容互相关联，千万不要撰写一些具有误导性的主题来吸引订阅者。

3. 兼容移动设备

兼容移动设备的浏览习惯非常重要。88%的用户会在手机上查看电子邮件,如果未能针对移动设备进行优化,则将失去多数受众群体。

在为移动设备创建电子邮件时,主题应简短。个人计算机上的电子邮件主题可以显示大约 60 个字符,而移动设备只能显示约 30 个字符。

5.3 EDM 推广技巧

1. 加强个性化服务

在崇尚个性化的时代,消费者希望自己被视为具有个性的个体,而不是千篇一律的普通人。既然 EDM 已经瞄准了目标受众,营销人员就应通过消费者数据跟踪技术,根据消费者的喜好定制电子邮件的内容。

2. 增强信息相关性

部分 EDM 专门研究不同类型的客户在网络上的活动,例如向客户发送未完成交易的提醒邮件,以及向长期发展客户发送感谢最近购物的邮件等,这些都是企业通过分析客户的兴趣和行为而设定的 EDM 内容。

3. 印象深刻的内容

过去,EDM 充满了陈词滥调,现在的 EDM 已摆脱以往公式化的设计和语调,发展出一套人工智能式的独有风格。

4. 适用于手机的主题

当下,几乎所有的电子商务邮件系统都可以在手机上浏览。当用户打开电子邮件时,需要通过简单的电子邮件主题让用户知道更多的信息。

5. 掌握发送的频率

众所周知,不断发送重复信息会让用户感到反感,但发送得太少又会让用户逐渐忘记你的品牌。因此,要把握好发送电子邮件的频率。

6. 信息内容尽量简短

信息过长会降低收件人的阅读欲望,过短则不能传达完整的信息。因此,要控制信息内容的长度,可以通过 A/B 测试进行对比。

7. 设计 A/B 测试邮件

定期采用 A/B 测试可以有效提高电子邮件的发送成功率。通过分析大量的测试数据能够发现特定的模式,从而改进 EDM 策略。

第 6 章
阿里巴巴 B2B 营销平台

知识导读

阿里巴巴集团旗下有众多平台,而"阿里巴巴国际站"是其中之一,是帮助我国企业拓展跨境贸易市场营销活动推广的应用服务,提供在线支付、搜索引擎和云数据存储服务,它基于全球领先的企业间电子商务网站,通过该平台向海外买家展示、推广供应商的企业和产品,进而获得跨境贸易商机和订单,包括企业对企业、零售和消费者销售门户,是出口企业不断拓展国际贸易的首选网络系统平台之一,也是目前最知名的 B2B 平台。

学习目标

- 了解阿里巴巴国际站
- 了解产品发布流程
- 了解关键词解析

能力目标

- 熟练设置产品标题
- 掌握产品详情设置技巧
- 掌握旺铺装修技巧

6.1 阿里巴巴国际站前台

以消费者或买方的视角来看,前台是用户使用页面(图 6-1～图 6-3)。

搜索栏板块可以通过产品或者供应商数量搜索新品,根据规则抓取新发产品,每日更新。

图 6-1　阿里巴巴国际站前台（1）

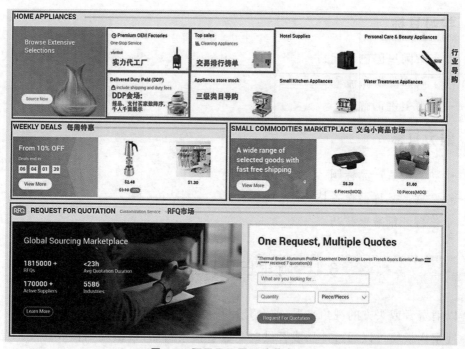

图 6-2　阿里巴巴国际站前台（2）

图 6-3 阿里巴巴国际站前台(3)

其他功能如下。

粉丝通：投稿话题或发布视频，自动全选优质视频，千人千面展示。

全球产业带：无须报名，根据商家地域自动圈品，千人千面展示。

一件代发：报名中心报商圈品，针对 RTS 商家，每日更新。

实力代工厂：金品＋二星＋工厂/工贸一体。

RTS：发布 RTS 产品，系统自动圈品。

Weekly Deals：折扣专区，每周报商报品，买家数为排名准则。

DDP 会场：报品、支付买家数降序排列，千人千面展示（运费模板符合 DDP 运费即可展示）。

交易排行榜单（商家榜单）内容如下。

Top Sales：近 90 天 GMV 排行。

Top for Repeat Buyers：复购率排行。

Top for On-time Shipping：发货及时率排行。

Top Suppliers with Certifications：认证排行。

Top for Design Services：设计服务排行。

Top Exporters to the US：出口美国排行。

商品榜单内容如下。

Most Popular：访客榜单。

Fast Dispatch：快速成交产品。

Popular Ecommerce Products：电子商务专区访客榜单。

DDP to USA Available：DDP 至美国专区榜单。

Online Customization Available：支持在线定制专区榜单。

以上每一个分区都代表一种流量入口，可以通过后台的流量来源分析自身相对薄弱的流量环节，针对性地优化流量结构。

6.2 阿里巴巴国际站后台

阿里巴巴国际站的前台是买方使用的页面,而后台则是卖方使用的页面。

进入后台有两种方式,一是通过网页登录;二是通过旺旺登录(图6-4和图6-5)。

图6-4 阿里巴巴国际站后台(1)

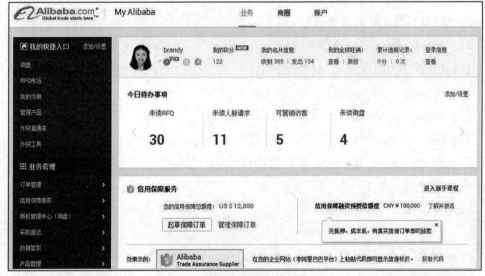

图6-5 阿里巴巴国际站后台(2)

进入后台页面,如图6-4所示。框架分为3部分:业务,商圈,账户。业务板块左边总共包括12个小板块,其中的重点是询盘、RFQ市场、我的效果、产品管理。

我的快捷入口：常用的业务板块内容归类到该板块，例如询盘、RFQ 市场、我的效果、管理产品、外贸直通车、外贸工具等。

订单管理：包含所有订单管理、查询以及客户对订单的一些评价，还有比较重要的信用保障订单管理、信用保障评价管理、在线发订单管理。

信用保障服务：例如信保订单，如果供应商不发货或延迟发货，可以通过阿里巴巴拿到赔偿。

商机管理中心（询盘）：包含询盘、客户、邮箱、设备、日常询价查看、分发、导出等功能。

采购直达：分为供应和采购两个模块。在供应模块中，当客户公开发布一些采购需求时，可以通过 RFQ 市场获得信息，如果公司符合采购需求，就可以发起报价。还有起草信用保障订单、样品单管理、我的权益、我的信保订单、我的订单记录、我的买家等。采购板块包含发布采购需求、我的采购、样品单管理、我的供应商、推荐供应商。

数据管家：数据管家中主要包含我的效果、热门搜索词、我的产品、行业视角等功能。在我的效果中可以看到发布的产品的质量怎么样，也就是点击率。发布产品前首先要收集好关键词，因此可以利用热门搜索词和行业视角来搜索。

产品管理：主要包含发布产品、管理产品、工具中心、搜索诊断 4 个板块。产品的发布、排名、管理、素材等都在这一板块下。

营销中心：本节重点介绍内容的运营功能模块。有些付费营销就是通过此功能来获得的，其中包含营销中心概览、外贸直通车、顶级展位、橱窗、窗口显示、顶部显示、优惠券事件、粉丝帖子等。

在线批发市场：如果一些买家的采购量比较少，可以通过在线批发市场来完成交易，其中包括在线批发产品管理、在线批发订单管理、交易服务、营销推广。

招商活动中心：在前台进行宣传册促销活动，便有机会在这个板块中获得广告页面。

建站管理：针对自己的公司的所有信息进行管理，包括公司介绍、管理信息认证、企业网站 3 个模块。可以通过这三个模块让客户全方位地了解公司。

多语种市场：包含西班牙语市场、日语市场、葡萄牙语市场、法语市场、俄语市场、阿拉伯语市场、德语市场、意大利语市场、土耳其语市场、韩语市场、越南语市场。

贸易服务：指的是在产品卖出去以后，还有一些相关的其他服务，例如报关退税等。

我的外贸服务：这个板块记录的是使用了哪些贸易服务，包含推荐服务、找到服务订单、发票中心。账户中心包含我的付费账户、账单列表、交易查询。

6.3 产品发布

6.3.1 产品发布准备

在发布产品之前,首先要了解阿里巴巴国际站发布产品的规则和流程,只有符合平台规则,才能得到良好的发布效果。阿里巴巴国际站的平台规则分为过滤、匹配、排序三个阶段。在过滤阶段需要注意的是搜索作弊:重复铺货(影响、判断、处理)、目类错放、描述违规。匹配阶段包含类目相关性和文本相关性,类目相关性是指如何选择正确的类目;文本相关性是指根据发布产品时填写的关键信息进行检索,并与买家搜索词进行匹配(如何设置产品名称、属性、关键词)。排序阶段包含买家偏好、产品信息和供应商信息。买家偏好是指系统会根据买家行为识别买家偏好,将买家更喜欢的产品排在前面。产品信息包含产品信息的完整度和质量模板。供应商信息包含公司整体信息质量的重复铺货;线上行为数据的信用保障、一达通和RFQ;自身店铺维护;零效果产品对比、访客营销和粉丝通。在产品发布之前,需要做好企业产品的相关准备,例如详情页模板、图片、关键词。具体操作如下。

(1)了解和熟悉产品,更贴切地描述产品本身。

(2)筛选出适合自己产品的关键词,搜索热度和与产品本身的契合度是筛选的两大考量因素。如果发布的是同类产品,则可以在发布一个产品后发布类似产品,就可以减少很多的产品信息填写了。如果是在不同时间发布不同产品,且以前发布过类似的产品,使用导入已发布的产品信息功能就可以了,这样也可以减少很多产品信息的填写。

(3)图片要求:这是前期的准备工作,如产品信息是否备好,产品图片是否备好,对应不同类目或型号的产品图片(包含产品的多角度展示图片、细节展示图片,图片数量为6张,图片尺寸为750×750px以上)应提前准备产品图片(图6-6)。

产品主图	1. 作用 产品图片是对文字描述的补充,使用图片直观展示产品,让买家在浏览产品时获得更多的产品细节特征,丰富的高品质图片大大影响着买家转化
	2. 基础门槛 图片大小:不超过5MB。 图片比例:近似正方形(比例在1:1～1:1.3或3:1～1:1)。 图片像素:大于640×640px(1000×1000px以内)
	3. 行业建议 图片比例:建议750×750px/800×800px。 图片数量:上传6张图片,可以展示产品和产品优势、公司优势等。 图片一致:产品名称和图片必须一致

图6-6 产品主图参数建议

产品主图的其他细则。主体大小适中,居中展示,不宜过大或过小及不完整;背景建议使用浅色底或纯色底,推荐使用白色底(浅色产品可用深色背景),不建议使用彩色底及杂乱的背景;Logo 及标志固定在左上角(加 Logo 会导致产品信息质量变低);部分行业可添加认证标志,固定在左下角,但是也会降低产品信息质量。

详情页图片要求如图 6-7 所示。

详情页图片要求	图片格式:jpeg、jpg、png
	图片大小:3MB 以内
	普通编辑:图片像素为 750px,高度(宽)不限,可插入图片,上限为 15 张。字符上限:50000 个字符
	智能编辑:图片像素按照使用的具体模板的要求进行上传;可插入图片上限:30 张图片;字符上限:65535 个字符

图 6-7 详情页图片要求

6.3.2 产品发布流程

发布产品信息是网站建设的基础,也是最关键的一步。网站提供相关模版,并加入必要的修饰。每种产品都有对应的产品模板。

操作步骤如下:选择 My Alibaba 的产品管理下的发布产品,分为基本信息、交易信息、商品描述、物流信息、特殊服务及其他六大板块。目前,平台上的产品分为普通产品和规格化产品两种,一种是支持买家直接下单的商品,另一种是不支持买家直接下单的商品,有明确价格及规格属性。

1. 目类选择

类目是对产品的分类或归类。每个产品都有属于自己的类目,放错类目将导致买家无法找到操作者发布的产品。因此,找到符合产品的类目是发布产品的第一步,阿里巴巴系统中的"选择产品类目"中有很多类目选项。要找出最适合自己产品的类目,否则会影响排名(图 6-8)。

根据阿里巴巴的排名规则,主要选择对应产品匹配最精准的类目作为产品类目,以提高排名;同时在自定义属性和详细描述中重复提到该类目。类目是产品的归类,产品类目的准确选择是第一步。客户会从类目中搜索产品,如果错放类目,则产品不会被展示,从而会失去一次重要的展示机会。

2. 产品主图设置

产品图片是对文字描述的补充,使用图片能直观展示产品,让买家在浏览产品时

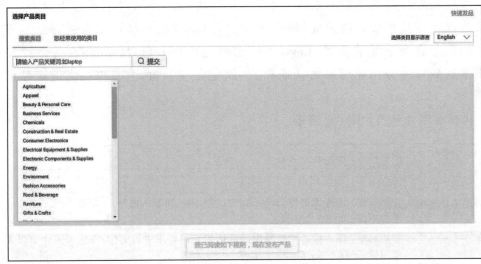

图 6-8 选择产品类目

获得更多的产品细节特征,丰富的高品质图片能大大影响买家转化。

3. 产品属性设置

产品属性分为两方面,固定属性和自定义属性。第一个重点是需要把信息填写完整,不能有重复信息,以免有冲突。第二个重点是产品属性是有排序的,即使是同样的产品,针对不同卖家展示的属性排序也是不同的,如图 6-9 所示。

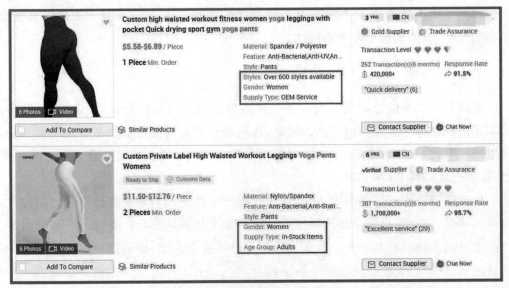

图 6-9 选择产品属性设置

6.4 关键词解析

关键词即产品名称的中心词,是对产品名称的校正,便于系统快速识别匹配买家的搜索词,能让买家尽快找到产品。

一般来说,想要获得更高的产品信息流量,关键在于关键词的优化。因此就需要针对跨境电子商务的买家进行数据分析,研究他们会用哪些搜索词进行相关产品的搜索,然后需要在产品标题和描述中加入相关的搜索词,也就是关键词。

6.5 产品标题设置

因为关键词和标题是直接关系到产品曝光的重要因素,而且不像产品属性规格那样有标准答案,所以关键词的筛选和标题的组合往往最能考验运营人员的能力。

6.6 产品详情设置

通常是对产品的完整描述,也是产品页面的主要构成部分,需要图文并茂,善用小标题,合理分布关键词,忌用图片代替详情描述。通常在做产品详情页面设计时,最重要的是如何使产品具有吸引力,美观度也是其中的一个重要因素,很多企业店铺的转化率不高的解决方案就是将重要的内容放在前面。

在运营过程中,企业为了快速吸引客户的注意力,获得客户的信任,需要设计出适合客户购物心理的详细页面信息,同时展示公司及其产品的优势,以获得更精准的查询。

通过以下 6 个步骤可以打造一款引人注意的详情页。

(1) 详情页顶部布局自主设置的折扣券+优惠券。为了让顾客可以看到更多的产品,当顾客点击产品的优惠券时,可以设置定制产品和 RTS 产品,优惠券中的产品会有更多的展示机会。为了方便使用,建议在所有产品详细信息页面中都添这两个部分(图 6-10)。

(2) 产品参数表格。要以表格形式出现,尽可能将顾客重视的参数罗列出来,以减少不必要的重复信息,让顾客能够更加直观地看到相关产品的信息参数,同时可以添加部分核心产品关键词,增加整个详情页的关键词密度,提升整个页面与产品的相关性,助力于自然排名(图 6-11)。

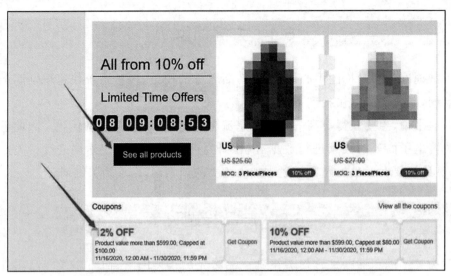

图 6-10　折扣券和优惠券

Product Type：	custom ********
Material：	********
Type：	********
Technics：	********
Feature：	********
Decoration：	********
Color：	********
Sizes：	********

图 6-11　产品参数表格

上面的表格只是一个模板,需要结合自己的行业产品和客户需求进行改进,具体的产品属性在左边,相应的内容在右边。

(3)产品的细节展示。需要从 B 端客户管理的视角处理产品图片细节,而对于非 C 端客户,则需要了解他们关心哪些产品细节。场景图有助于吸引客户,能给客户一种代入感。产品图片颜色搭配要简洁明快,整体颜色偏暖。

(4)关联销售的产品矩阵展示。放置想要打造的爆款产品信息或者新推的产品,可以设置相关性分析的类似产品,也可以设置搭配型的产品信息。

产品相关的销售部分也可以根据具体的需求固定在详细信息页面的顶部或者底部,也可以批量推出一些特定的相关产品。

(5)产品的包装样式和物流＋Our Services 定制服务能力,产品的生产流程展示(场景)。

（6）工厂实力展示和公司团队风采展示（场景）、各种证书，等等。末尾设置链接跳转首页或者做其他网址的引导，尽量不让客户流失。

6.7 旺铺装修

对于阿里巴巴国际站的门店设计，需要顺应当下视觉营销的趋势，同时需要传达商业公司的实力、背景、文化、产品、团队等。

1. 网站背景颜色统一

网站的背景色与产品模块标题栏的颜色保持一致。通常可以参考公司的商标或者企业主打产品的设计进行选择。

总体来说，每个产品详细信息页面中添加的产品细节、配件、程序流程图、包装、推荐等的颜色和介绍风格也应与网页风格一致，尽量使用明亮、清晰、高分辨率的图片吸引顾客的眼球，以提高商店和产品的转化率。

2. 巧用自定义内容区

自定义内容区是最灵活的模块。当固定产品模块不够用时，需要用自定义模块替换。通过自定义模块可以插入产品图片、加入超链接，从而给店内其他产品进行引流；还可以分类展示，让客户有更多的选择空间。

自定义内容区主要用来展示公司的软实力。可以适当插入一些文化元素，例如专业的团队形象照、认证、工厂、合作品牌商等，尽量让客户在网站上多停留一段时间，多了解公司的相关产品。

3. 善用店招和海报

一个好的文案口号是让顾客记住网站的最简单的方法。展示主营产品，告诉客户网站在卖什么。

4. 利用首页左侧栏

如果网站是左右两栏的布局，那么需要利用好左侧栏。除了产品类别，联系信息建议放在主页的底部，最好两栏平行。旺铺独特的装修风格很重要，但一定要基于自身的统一性。

还要做到：网站底色统一，网页模块设置多样化，产品分类版块清晰明了，突出公司口号，使用横幅展示主打产品，产品主画面清晰美观，突出重点，突出公司、工厂、团队实力等。

6.8 RFQ

RFQ是阿里巴巴连接买卖双方的重要渠道,在进行跨境贸易签单之前,外贸人员如何通过阿里巴巴国际站进行询价?卖家应该如何报价?

1. 阿里巴巴 RFQ 是什么

询价单的简称是询价,该词经常出现在跨境电子商务的邮件中,通常以电子邮件或传真的形式出现,作为客户发送给外贸业务员的询价信息。在跨境电子商务行业中,出口商和客户之间的交易是从询价开始逐步协商的,询价可以是空盘,也可以是实盘。

2. 对外贸易发布

第一步,通过阿里巴巴国际站,外贸营销人员可以进行产品采购信息的推送。信息发布成功以后,就能看到买家提交的适合产品的采购信息,单击"即时报价"按钮,即可完成产品报价的提交。

第二步,在阿里巴巴供货之前,外贸营销人员通过阿里巴巴国际站可以检查客户以往的采购行为,以确定客户的采购习惯,从而为外贸出口厂商提供更有利的报价。在查看客户的询价信息后,可以大致推断出客户的采购需求是否与产品兼容,进而可以推断出是否是高质量的 RFQ 报价。

3. 阿里巴巴 RFQ 报价操作

在外贸营销人员进行报价时,阿里巴巴平台上通常会提供报价模板。通过阿里巴巴 RFQ 提交报价,只需要按照报价模板的说明步骤详细输入每个信息和价格,就可以成功地将报价提交给客户。也可以将报价作为开征函提交,或者通过电子邮件将产品信息发送给客户。

6.9 多语言市场

阿里巴巴多语言市场是独立于阿里巴巴国际站(英文站)的一系列网站,现包括俄语、葡萄牙语、西班牙语、法语等13个主流语种,除覆盖传统欧美市场中的非英语买家群体外,南美、俄罗斯等新兴市场更是多语言市场的重点拓展区域。

多语言市场的优势:依据市场数据调研,对于非英语国家买家而言,他们更信任本国母语沟通。通过阿里巴巴多语言市场自动接入翻译服务,可以有效打破各国之间的语言障碍,即使不懂外文的用户,也能轻松拿到订单。最新数据统计显示,非英语国家的贸易交易总量占全球份额的60.4%。阿里巴巴多语言市场的访问买家数最高约3000万/日,月均新增买家63244家。

在阿里巴巴国际站发布多语言产品的方法如下。

方法一:My Alibaba—产品管理—发布产品—选择语言市场—选择产品类目—填写产品表单,提交并进入审核,审核通过后,展示在相应的站点上(图6-12和图6-13)。

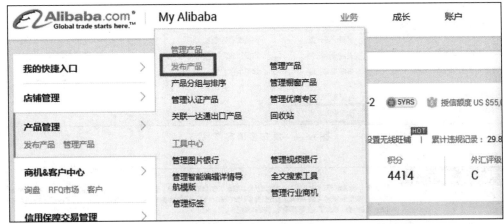

图6-12 发布多语言产品(1)

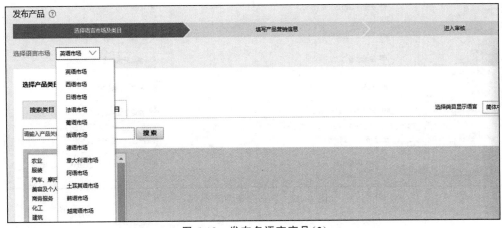

图6-13 发布多语言产品(2)

方法二:My Alibaba—产品管理—多语言市场首页—选择对应市场—发布产品—选择产品类目—填写产品表单,提交并进入审核,审核通过后,展示在相应的站点上(图6-14和图6-15)。

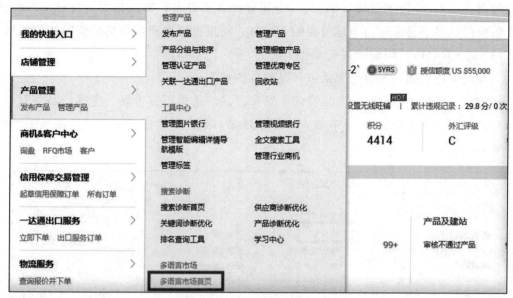

图 6-14 发布多语言产品(3)

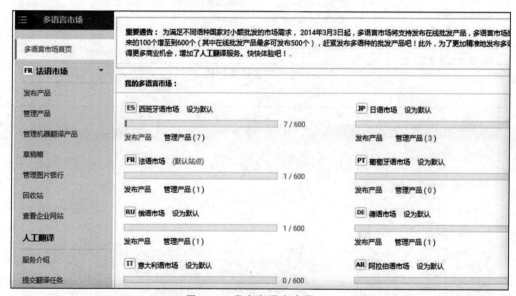

图 6-15 发布多语言产品(4)

1. 多语言与英文市场融合

小语种原发时直接在发布产品时切换选择各语言市场即可,商家可以更高效便捷地发布和管理小语种产品。

建议选择"全球市场",即在产品以英文发布后,平台会自动将产品翻译成其他17种语言,并在相应的语言市场展示。

2. 多语言 One ID

商家在"全球市场"用英文发品时,平台自动将信息翻译成其他 17 国语言,商家可对翻译内容进行手动编辑(一期仅支持标题和关键词手动编辑),突出语言优势以更符合本地买家心智,且编辑后产品 ID 保持不变,实现 One ID,有利于各语言市场共享英文发品积累的效果数据。

默认为机器翻译内容,商家可针对各语种内容进行手动编辑并保存,发布后英文及各语种会聚集在同一个产品 ID 上,如图 6-16 所示。

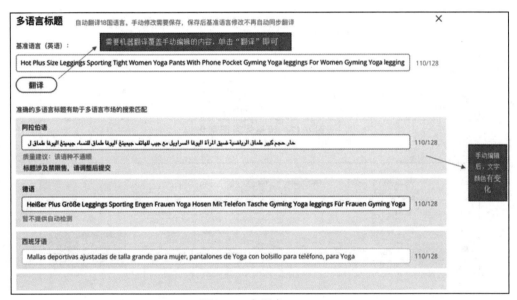

图 6-16　多语言 One ID

3. 价格体系国别化

支持企业产品基于一个国家/地区设置差异化价格,以彰显商家在重点运营国家/地区的价格竞争优势(图 6-17 和图 6-18)。

4. 运费国别化

确定性运费能够有效提升订单转化率,不定性运费会导致商家错失平台主要机会。

从 My Alibaba-产品管理中选择 RTS 产品,对于 RTS 图标旁边有提示的,应尽快完善对应核心国家的运费模板(平台的 20 个核心国家)。新发品会同步做相应提示。

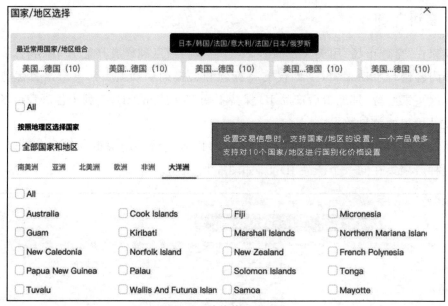

图 6-17 价格体系国别化

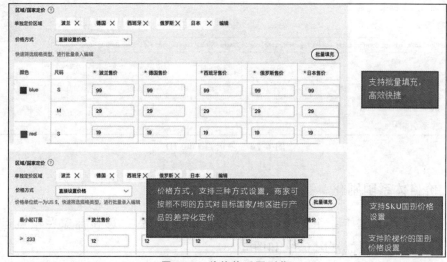

图 6-18 价格体系国别化

6.10 P4P 基础操作

1. 什么是 P4P

外贸直通车(Pay For Performance,P4P)可以通过自助设置多维度关键词,并对关键词进行出价免费展示产品信息,吸引买家点击,通过分析大量曝光产品吸引更多潜在买家,并按照点击量付费,是一种全新的网络营销推广方式。

通俗地说,P4P其实就是一个商家通过出价竞争产品排名而获得免费曝光,以点击量付费的推广方式,就是所谓的搜索引擎优化模式。

P4P产品是所有国际站的优先产品,客户通过关键词进行搜索后会直接看到P4P。如果有一定的数据积累,产品自然排名靠前,新平台肯定会有竞争力,所以P4P在未来的发展中潜力十足。

2. P4P的排序规则

产品信息质量并非越高排名越靠前。事实上,商家产品的排名要从多维度考量(图6-19)。

排序规则	
推广评分影响因素	产品信息质量、关键词和产品的相关性、买家搜索喜好度
其中,产品信息质量不单单是指把信息填满就可以,而是要从整体考虑,信息的完整性、图片的质量、整体逻辑性等都会影响产品信息质量	

图6-19 P4P排序规则

3. P4P的基础设置

在阿里巴巴国际站店铺运营过程中,不管是前期产品数据的积累还是后期询盘的增加,对于P4P都是重要的内容。虽然卖家需要深入研究P4P进行最优的产品推广,包括关键词设置、精准定位、出价原则等,但是基础功能也是必须设置的,这样也能获得一些流量,下面介绍P4P的3个基础设置。

1)P4P的拓展匹配设置

拓展匹配功能是指扩展客户资源,以获得更多流量的一种推广方式,主要是关键词衍生词的流量。设置路径:在阿里国际站后台的营销中心中,选择"账户",在"专属投放位置"窗口中有一个"参与拓展匹配设置"选项。当日开启,次日生效(图6-20)。

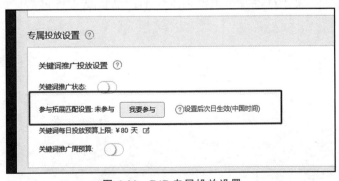

图6-20 P4P专属投放设置

主要功能作用：可以对卖家购买的关键词进行拓展衍生推广，也就是在P4P中使用一个关键词进行搜索时，平台会展示与该词相关的产品。

2）多语言站点投放

设置路径：阿里巴巴后台营销中心，客户的直通车设置。

为了提升网络流量管理的多语言站点投放能力，要从定展、P4P、自然环境排名三方面考虑。对于定展，多语言站点的顶级展会产品应与主站点的顶级展会产品同步。

通过考核诚信、关键词相关性、信息管理质量控制等方面可以提高多语言站点的自然环境排名与主站站点自然排名。

原发产品的激励因素在供应商的"多语言市场"板块中，对于已发布的多语言产品有一定的排名权重，但主要的考虑因素是卖家差评的综合信息质量和买家偏好。

3）P4P等级

卖家非常看好P4P的等级水平，例如分区域和分时段的投放功能。设置路径：在后端"营销管理"页面中可看到"会员增长"数据。卖家不仅可以在"会员增长"中看到本月的增长值，社会各项财务指标的得分，还可以看到操作指标、经济基础能力指标、效果评价指标等。

4）P4P等级成长规则

分区域分时段投放功能：分区域分时段投放功能的权限只有在卖方P4P达到一定等级后才能获得。此时，卖方也可以选择国家或区域。

4. 智能推广出价

测品测款、爆品助推、快速引流是智能推广出价主要的三部分。

快速引流以前叫作全店推广，指设置预算和出价后，可以对P4P关联的所有产品，包括与P4P关联但未设置推广的产品进行自动选词、自动调价等推广活动。

爆品助推是在有针对性的推广功能的基础上增加手动添加关键词的功能，可以从每天收集的查询源中手动添加关键词，从而使流量更加准确。

测品测款是企业快速引流功能的一个问题分类，快速引流针对中国所有P4P关联公司产品，测品测款针对进行了关键词推广的产品信息进行再推广。

第 7 章
跨境电子商务服务链

知识导读

近年来,跨境电子商务发展速度迅猛。从 2014 年开始,行业进入了爆发式增长阶段,跨境电子商务渠道更加丰富、政策支持、基础设施完善令跨境电子商务服务业相关的物流、支付等业态均有了很好的发展,跨境电子商务步入全产业链、全业态的发展模式。

学习目标

- 了解跨境电子商务服务链
- 了解跨境电子商务渠道
- 了解跨境电子商务的政策支持

能力目标

- 熟悉服务链
- 理解政策支持
- 掌握渠道建设

7.1 跨境电子商务服务的背景

7.1.1 跨境电子商务起源与发展

1. 起源——2005 年个人全球购

我国跨境电子商务最早源于 2005 年的个人代购。一些在外国留学的中国学生或者在外国工作的中国人每年回家的时候帮亲戚朋友带点儿国内没有的化妆品、手表、皮包等物品,这些商品共同的特点是:国内没有或国内价格昂贵。而跑腿的次数一多,委托人自然要给些"小费"以表感谢。久而久之,收取商品价格10%的代购费成了不少代购的共识。随着海外代购受到国人热捧,除了职业代购人外,经常出差的人、境外导游和空姐成了"私人代购"行业的主力军。一些理性的聪明人开始看到这种行为中存在的商机,他们开始联合自己在国外的亲戚朋友,帮用户购买他们想要的物品。在这种传统的代购模式下,用户选择好商品,找到靠谱代购,然后给予一定比例或金额的代购费,接下来的事情都由代购完成。在这个流程里,代购的选择非常关键,往往依靠同事或者朋友的口碑推荐。

2. 发展——2007年淘宝全球购

代购业务的发展壮大和网络的逐渐普及使得海淘开始兴起。2007年,淘宝创立淘宝全球购,汇聚了销售海外优质商品的卖家,真正满足了消费者"足不出户淘遍全球"的心愿。这种C2C的模式让海外购物变得更方便。如果仅靠朋友代购,只有小范围的人才能从事海外代购。但是如今,网络平台为人们提供了更方便的渠道。随着全球购的商品越来越丰富,使得网民足不出户即可便捷地购买全球正品大牌,让奢侈品变得愈加亲民。这种模式的最大局限在于商户主要是一些中小型代购商,并无国外品牌商入驻,使得平台上存在不少假货。

3. 强盛之路大事记

2013年8月29日,国务院办公厅转发了商务部等9个部委《关于实施支持跨境电子商务零售出口有关政策的意见》,自2013年10月1起,在已经开展电子商务通关服务试点的上海、重庆、杭州、宁波、郑州这5个城市展开新政策试点。2013年9月,广州获批成为跨境电子商务试点城市。

2014年2月,天猫国际正式上线,引进了140多家海外店铺和数千个海外品牌。

2014年年中,日本规模最大的免税连锁店Laox(乐购仕)以第三方身份入驻苏宁,助推苏宁"全球购"活动;9月,京东设立海外购;1号店推出"1号海购";唯品会推出"全球特卖";聚美优品推出"聚美海外购"。

2014年8月1日,海关总署"56号文"生效。"56号文"实施后,个人物品按行邮税进行征税,未经备案的私人海外代购被定为违法行为。根据政策要求,跨境电子商务整个过程的数据需要纳入"通关服务平台",与海关联网对接。此外,进出境货物、物品信息也要提前向海关备案。"56号文"对于国际性的正规跨境物流是一件好事,更好地规范了行业中的企业。据统计数据显示,2013年,中国海外代购市场的交易规模超过700亿元,2014年市场规模超过1500亿元。

2014年1月,李克强视察杭州,明确表示支持杭州建设跨境电子商务综试区并亲自为其命名,指出跨境电子商务综试区"是一件牵一发而动全身的事""搞好了可能就是中国未来新的发动机"。

2015年1月,汪洋来杭州考察,指出发展跨境电子商务是稳定外贸增长的潜在动力,是"大众创业,万众创新"的重要渠道,是引领国际经贸规则制定的重要突破口。

2015年3月7日,国务院正式批复设立中国(杭州)跨境电子商务综合试验区,要求综试区破解跨境电子商务发展中的深层次矛盾和体制性难题,逐步形成适应和引领全球跨境电子商务发展的管理制度和规则,为推动全国跨境电子商务健康发展提供可复制、可推广的经验。阿里巴巴、京东等企业被授予"中国(杭州)跨境电子商务综合试验区首批试点企业"。跨境电子商务综试区从"正式提出"到"获得批复"仅用了4个月的时间,这是国家在综合改革领域批复得最快的一次,充分说明国家对跨境电子商务发展的高度重视,也充分说明跨境电子商务"以改革促发展"的迫切需要。

2016年1月15日,国务院印发《关于同意在天津等12个城市设立跨境电子商务综合试验区的批复》,同意在天津市、上海市、重庆市、合肥市、郑州市、广州市、成都市、大连市、宁波市、青岛市、深圳市、苏州市这12个城市设立跨境电子商务综合试验区,名称分别为中国(城市名)跨境电子商务综合试验区,借鉴中国(杭州)跨境电子商务综合试验区建设"六大体系""两个平台"的经验和做法,因地制宜,突出本地特色和优势,为推动全国跨境电子商务健康发展创造更多可复制、可推广的经验。

2016年3月24日,关税司出台《我国将自4月8日起实施跨境电子商务零售进口税收政策并调整行邮税政策》,对于跨境电子商务进口税收政策进行了调整。本次税改影响如下。

(1) 以立法形式明确了跨境电子商务合法的地位,以法律文件的方式明确了跨境电子商务的合法性,杜绝了某些企业偷税漏税的现象,让跨境电子商务行业环境更加公平。

(2) 行业竞争加剧,加速行业洗牌。本次跨境电子商务零售进口征税的政策提高了行业的门槛,企业争夺市场份额、争夺消费限额致使竞争加剧,行业中体系不健全、资金链跟不上的企业很难在竞争中存活,大量中小企业在本轮行业洗牌过程中面临转型甚至倒闭的风险,这也是行业发展的必然趋势。

(3) 行业更加规范和正规。税改新政落实后,保税跨境电子商务模式将会更加规范和正规。跨境电子商务归根结底也是一种贸易形式,本身按照行邮税征税便存在不合理之处,量大的情况下还会对一般贸易及国内产业产生冲击,税改后,跨境电子商务企业必须按照相应制度执行,使保税电子商务模式更加规范。

2016年9月G20杭州峰会,跨境电子商务首次进入议程,促进贸易便利化、扩大开放等多个议题和决议,对于跨境电子商务这一新兴业态来说,都传达出了利好的信号。G20 期间,eWTP(世界电子贸易平台)成为热词之一。建立世界电子贸易平台的倡议被写入二十国集团领导人杭州峰会公报第 30 条。

7.1.2 国家跨境电子商务政策红利陆续出台

近年来,我国跨境电子商务市场的发展离不开政府政策的有效支持。尤其自 2013 年以来,各级政府对跨境电子商务的扶持力度明显增强,不断推出政策红利,从国务院到各大相关部委,纷纷出台针对跨境电子商务行业的配套政策措施,着力完善跨境电子商务市场发展环境,推动我国跨境电子商务产业快速健康发展,同时为我国中小外贸企业开展跨境电子商务营造了良好的政策环境。

2013 年以来,政府密集出台支持发展跨境电子商务的政策,主要涉及跨境电子商务出口退税、保税进口、清关检疫、跨境支付等多项环节,政策具备很强的实操性,积极促进跨境电子商务行业规范及完善。国务院主要针对跨境电子商务综合试验区,要求各部门落实跨境电子商务基础设施建设、监管设施,以及要求优化完善支付、税收、检验等过程;海关总署是跨境电子商务的流程层面,特别是通关流程相关政策的重要制定方;具体措施包括提高通关效率、规范通关流程;同时,商务部、发改委、质检总局等职能部委根据指导意见分别制定相应政策。图 7-1～图 7-3 为我国各级政府部门发布的有关跨境电子商务发展的部分重要政策(资料来源:前瞻产业研究院)。

除了国家级政策大量出台以外,地方级政策也纷至沓来,地方各级政府不断出台跨境电子商务发展政策,由政府和跨境电子商务平台共同举措,不断探索我国跨境电子商务发展模式,这无疑是我国中小外贸企业发展的良好机遇。近年来,跨境电子商务发展迅速,国务院于 2015 年和 2016 年先后批准在杭州、广州、深圳、天津、上海、重庆、合肥、郑州、成都、大连、宁波、青岛、苏州这 13 个城市设立了跨境电子商务综合试验区。2018 年 8 月,国务院发布《关于同意在北京等 22 个城市设立跨境电子商务综合试验区的批复》,意味着我国跨境电子商务综合试验区的数量将从 13 个增加至 35 个,基本覆盖了主要一、二线城市。新一批的城市试点开始逐步向中西部城市和东北地区倾斜,其中,东北地区城市包括沈阳、长春、哈尔滨;而中西部城市更是占据一半左右。

随着各国跨境电子商务试点城市的推广,各省市也纷纷出台相关政策以推动跨境电子商务的发展,目前全国 31 个省市均出台了有关跨境电子商务发展的政策。从跨境电子商务地区发展趋势来看,东部沿海受制于劳动力成本上涨等因素,产业正在加速向中西部转移,未来中西部地区将会有更多的政策出台(表 7-1～表 7-4)。

```
                          ┌── 2013年8月:《关于实施支持跨境电子商务零售出口有关政策意见的通知》
                          │
                          │── 2014年5月:《关于支持外贸稳定增长的若干意见》
                          │
                   政策指导─┼── 2015年5月:《关于大力发展电子商务加快培育经济新动力的意见》
                          │
                          │── 2015年6月:《关于促进跨境电子商务健康快速发展的指导意见》
                          │
                          └── 2016年5月:《关于促进外贸回稳向好的若干意见》
          国务院
                          ┌── 2015年3月:《关于同意设立中国(杭州)跨境电子商务综合试验区的批复》
                          │
                          │── 2015年6月:《部署促进跨境电子商务健康快速发展》
                          │
                   政策支持─┼── 2016年1月:《关于同意在天津等12个城市设立跨境电子商务综合试验区的批复》
                          │
                          │── 2017年11月:《关税税则委员会关于调整部分消费品进口关税的通知》
                          │
                          └── 2018年7月:《关于同意在北京等22个城市设立跨境电子商务综合试验区的批复》
```

图 7-1 截至 2018 年国务院相关跨境电子商务政策汇总

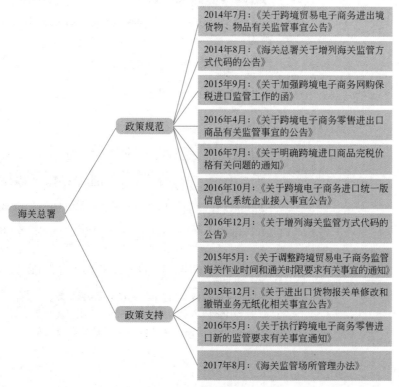

图 7-2 截至 2018 年海关总署相关跨境电子商务政策汇总

第 7 章 跨境电子商务服务链

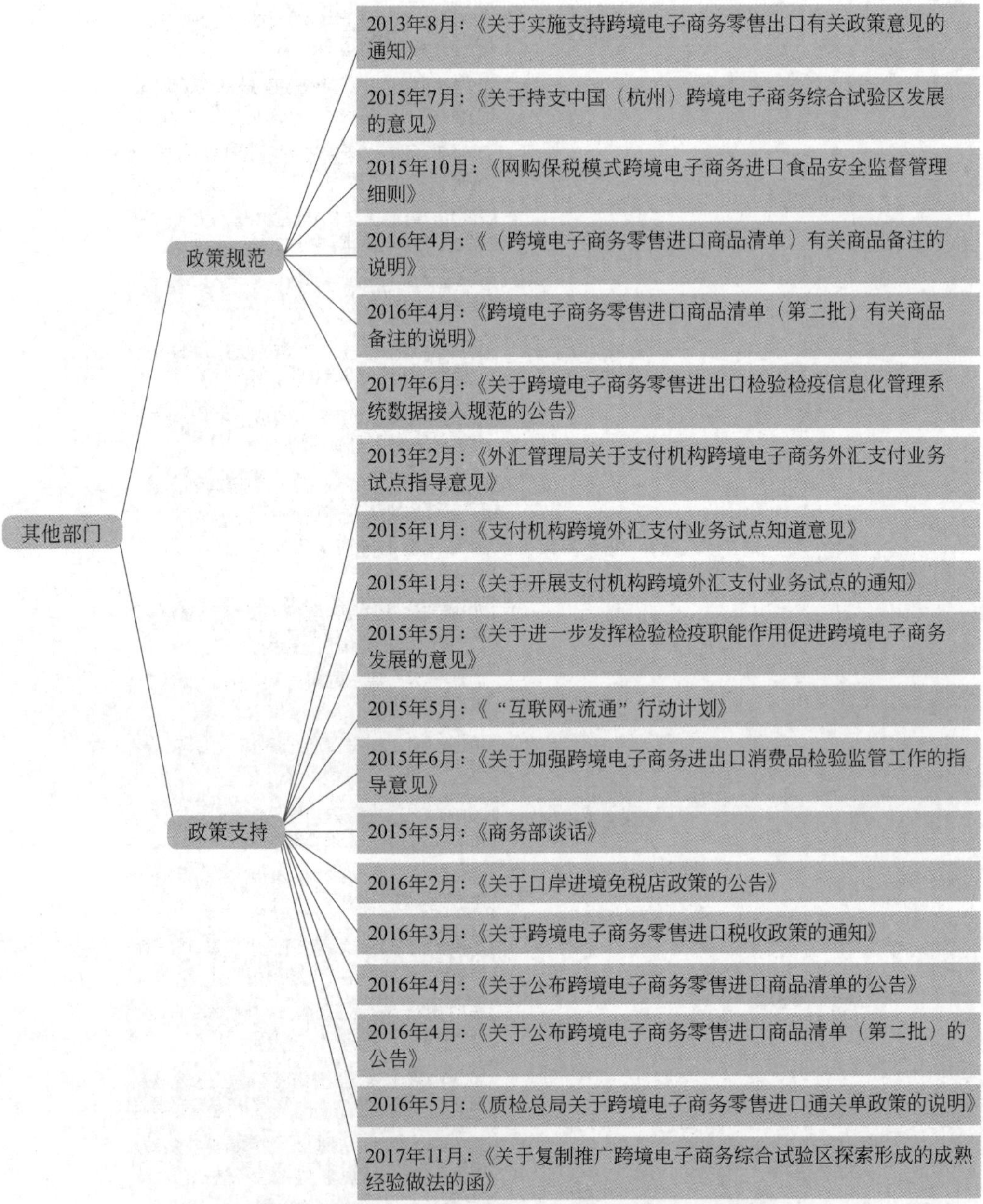

```
                            ┌─ 2013年8月：《关于实施支持跨境电子商务零售出口有关政策意见的通知》
                            ├─ 2015年7月：《关于持支中国（杭州）跨境电子商务综合试验区发展的意见》
                            ├─ 2015年10月：《网购保税模式跨境电子商务进口食品安全监督管理细则》
              政策规范 ─────┼─ 2016年4月：《（跨境电子商务零售进口商品清单）有关商品备注的说明》
              │             ├─ 2016年4月：《跨境电子商务零售进口商品清单（第二批）有关商品备注的说明》
              │             └─ 2017年6月：《关于跨境电子商务零售进出口检验检疫信息化管理系统数据接入规范的公告》
其他部门 ─────┤
              │             ┌─ 2013年2月：《外汇管理局关于支付机构跨境电子商务外汇支付业务试点指导意见》
              │             ├─ 2015年1月：《支付机构跨境外汇支付业务试点知道意见》
              │             ├─ 2015年1月：《关于开展支付机构跨境外汇支付业务试点的通知》
              │             ├─ 2015年5月：《关于进一步发挥检验检疫职能作用促进跨境电子商务发展的意见》
              │             ├─ 2015年5月：《"互联网+流通"行动计划》
              │             ├─ 2015年6月：《关于加强跨境电子商务进出口消费品检验监管工作的指导意见》
              政策支持 ─────┼─ 2015年5月：《商务部谈话》
                            ├─ 2016年2月：《关于口岸进境免税店政策的公告》
                            ├─ 2016年3月：《关于跨境电子商务零售进口税收政策的通知》
                            ├─ 2016年4月：《关于公布跨境电子商务零售进口商品清单的公告》
                            ├─ 2016年4月：《关于公布跨境电子商务零售进口商品清单（第二批）的公告》
                            ├─ 2016年5月：《质检总局关于跨境电子商务零售进口通关单政策的说明》
                            └─ 2017年11月：《关于复制推广跨境电子商务综合试验区探索形成的成熟经验做法的函》
```

图 7-3　截至 2018 年商务部等其他部门相关跨境电子商务政策汇总

表 7-1 截至 2018 年地方级跨境电子商务相关政策汇总及解读(一)

地区	时间	政策名称
安徽	2016 年 4 月	《中国(合肥)跨境电子商务综合试验区建设实施方案》
	2017 年 6 月	《安徽省电子商务"十三五"发展规划》
	2018 年 11 月	《关于支持跨境电子商务发展若干措施》
福建	2015 年 1 月	《福建省人民政府办公厅关于印发进一步推进电子商务发展行动方案的通知》
	2016 年 4 月	《福建省"十三五"商务发展专项规划》
	2016 年 5 月	《福建省"十三五"现代服务业发展专项规划》
	2016 年 11 月	《福建省人民政府办公厅关于加快电子商务发展九条措施的通知》
	2017 年 1 月	《福建省人民政府办公厅关于印发进一步推进跨境电子商务发展行动方案的通知》
云南	2017 年 8 月	《云南省服务贸易发展"十三五"规划》
	2016 年 1 月	《云南省电子商务"十三五"发展规划》
	2015 年 2 月	《云南省人民政府办公厅关于加强进口的实旅意见》
	2015 年 12 月	《云南省人民政府关于促进电子商务及跨境电子商务发展的实施意见》
	2015 年 9 月	《云南省电子商务及跨境电子商务发展"十三五"规划》
	2018 年 2 月	《云南省加快推进现代物流产业发展 10 条措施的通知》
广东	2016 年 1 月	《广东电子商务中长期发展规划纲要(2016—2025 年)》
	2017 年 8 月	《广东省战略性新兴产业发展"十三五"规划》
	2016 年 4 月	《广东省人民政府办公厅关于促进跨境电子商务健康快速发展的实施意见》
	2016 年 5 月	《关于印发中国(广州)、中国(深圳)跨境电子商务综合试验区实旅方案的通知》
	2016 年 5 月	《关于印发大力发展电子商务加快培育经济新动力实旅方案的通知》
	2016 年 5 月	《广东省人民政府关于促进我省快递业发展的实施意见》
广西	2015 年 12 月	《关于促进全区跨境电子商务健康快速发展的实施意见》
	2016 年 6 月	《广西壮族自治区电子商务发展"十三五"规划》
	2017 年 4 月	《"互联网＋流通"行动计划实施方案》
	2017 年 6 月	《关于"一带一路"倡议背景下加快广西跨境电子商务发展的建议》
	2017 年 6 月	《关于加快发展中国东盟跨境电子商务的建议》
	2018 年 5 月	《关于实施电子商务兴桂实现弯道超车,加快培育广西电子商务发展的建议》
	2018 年 7 月	《促进跨境电子商务健康快速发展的工作方案》
贵州	2014 年 1 月	《贵州省关于加快发展电子商务的指导意见》
	2015 年 11 月	《关于大力发展电子商务的实施意见》
	2017 年 2 月	《贵州省数字经济发展规划(2017—2020 年)》

表 7-2 截至 2018 年地方级跨境电子商务相关政策汇总及解读(二)

地区	时 间	政 策 名 称
海南	2015 年 9 月	《海南省总体规划(2015—2030)纲要》
	2015 年 12 月	《海南省人民政府办公厅关于推进跨境电子商务发展的意见》
	2016 年 11 月	《海南跨境电子商务综合示范区实施方案》
	2017 年 8 月	《海南省贯彻落实国家三部门〈电子商务"十三五"发展规划〉的实施方案》
河北	2015 年 12 月	《河北省"十三五"电子商务发展规划》
	2017 年 1 月	《关于印发保定市促进跨境电子商务健康快速发展实施方案的通知》
	2018 年 4 月	《河北省加快电子商务发展行动计划(2018—2020 年)》
	2018 年 7 月	《关于推进新时代外贸高质量发展实施方案的通知》
湖北	2016 年 10 月	《湖北省电子商务"十三五"发展规划》
	2017 年 10 月	《武汉东湖新技术开发区关于促进跨境电子商务发展的支持办法》
	2018 年 11 月	《湖北关于复制推广跨境电子商务综合试验区成熟经验做法的实施意见》
湖南	2014 年 7 月	《湖南省电子商务发展规划(2014—2020 年)》
	2017 年 9 月	《关于大力实施创新引领开放崛起战略的若干意见》
	2018 年 4 月	《促进开放型经济发展的若干政策措施》
	2018 年 4 月	《关于加快推进开放崛起专项行动的通知》
吉林	2014 年 8 月	《关于支持跨境贸易电子商务零售出口加快发展的实施意见》
	2016 年 8 月	《吉林省人民政府办公厅关于促进跨境电子商务发展的实施意见》
	2016 年 9 月	《关于支持吉林省企业开展跨境电子商务的工作措施》
	2016 年 12 月	《吉林市十三五电子商务发展规划》
江苏	2016 年 6 月	《关于促进跨境电子商务发展的若干政策意见(试行)》
	2016 年 10 月	《江苏省"十三五"物流业发展规划》
	2018 年 11 月	《省政府办公厅关于促进进口的实施意见》
江西	2014 年 9 月	《江西省电子商务产业发展规划(2014—2020 年)》
	2014 年 11 月	《关于江西省推进跨境电子商务工作实施意见》
	2016 年 2 月	《江西省促进跨境电子商务健康快速发展工作方案》
	2017 年 1 月	《江西省电子商务物流发展专项规划(2016—2020 年)》
山东	2016 年 4 月	《中国(青岛)跨境电子商务综合试验区建设实施方案》
	2016 年 5 月	《山东省人民政府关于加快电子商务发展的意见》
山西	2016 年 7 月	《关于促跨境电子商务发展的实施意见》
	2018 年 7 月	《促进跨境电子商务发展扶持办法(试行)》
	2018 年 10 月	《关于推进电子商务与快递物流协同发展的实施意见》

表 7-3 截至 2018 年地方级跨境电子商务相关政策汇总及解读(三)

地区	时间	政策名称
陕西	2014 年 6 月	《陕西省人民政府关于进一步加快电子商务发展的若干意见》
	2015 年 4 月	《陕西省发展跨境电子商务实施方案》
	2017 年 7 月	《陕西省"十三五"电子商务发展规划》
四川	2015 年 8 月	《"互联网+商贸流通"实施方案》
	2015 年 11 月	《四川省人民政府关于推动跨境电子商务加快发展的实施意见》
	2016 年 7 月	《中国(成都)跨境电子商务综合试验区实施方案》
	2017 年 6 月	《四川省"十三五"电子商务发展规划》
	2018 年 10 月	《成都市加快跨境电子商务发展三年行动计划》
	2018 年 10 月	《成都市跨境电子商务资金扶持政策》
黑龙江	2016 年 3 月	《黑龙江省推进跨境电子商务健康快速发展工作方案》
	2016 年 9 月	《黑龙江省电子商务物流发展专项规划(2016—2020 年)》
	2016 年 12 月	《黑龙江省政府办公厅印发了关于黑龙江省促进外贸回稳向好若干措施的通知》
青海	2014 年 6 月	《青海省电子商务发展中长期规划》
	2016 年 9 月	《青海省"十三五"商务发展规划》
北京	2016 年 8 月	《关于支持北京地区跨境电子商务发展的通知》
	2016 年 12 月	《北京市"十三五"时期信息化发展规划》
	2017 年 1 月	《推进跨境电子商务创新发展实施意见》
	2017 年 4 月	《北京市"十三五"时期电子商务发展规划》
	2017 年 5 月	《北京市进一步推进跨境电子商务发展的实施意见》
	2017 年 5 月	《北京市进一步推进跨境电子商务发展的实施意见》
天津	2016 年 3 月	《关于滨海新区推动跨境电子商务发展的工作方案》
	2016 年 6 月	《中国(天津)跨境电子商务综合试验区实施方案》
	2017 年 4 月	《天津河北区电子商务发展规划(2016—2020)实施意见》
	2017 年 9 月	《2017 年中国(天津)跨境电子商务综合试验区服务体系建设项目申报指南》
	2018 年 10 月	《中国(天津)跨境电子商务综合试验区零售出口货物免税管理办法(试行)》
内蒙古	2014 年 11 月	《内蒙古电子商务发展规划(2014—2020)》
	2014 年 12 月	《内蒙古自治区加快电子商务发展若干政策规定》
	2016 年 3 月	《内蒙古自治区人民政府办公厅关于发展跨境电子商务的实施意见》
甘肃	2014 年 8 月	《甘肃省发展跨境电子商务实施意见》
	2015 年 10 月	《甘肃省电子商务发展规划(2015—2017 年)》
	2018 年 6 月	《关于推进电子商务与快递物流协同发展的实施意见》

表 7-4 截至 2018 年地方级跨境电子商务相关政策汇总及解读(四)

地区	时间	政策名称
辽宁	2015 年 11 月	《辽宁省发展跨境电子商务工作方案》
	2015 年 11 月	《沈阳市电子商务发展规划(2015—2020 年)》
	2016 年 4 月	《中国(大连)跨境电子商务综合试验区实施方案》
	2016 年 9 月	《辽宁省人民政府关于促进外贸回稳向好的实施意见》
	2016 年 12 月	《大连市人民政府关于跨境电子商务扶持资金管理暂行规定》
上海	2015 年 7 月	《关于促进本市跨境电子商务发展的若干意见》
	2016 年 4 月	《上海市跨境电子商务示范园区认定办法》
	2016 年 6 月	《中国(上海)跨境电子商务综合试验区实施方案》
	2016 年 8 月	《"十三五"时期上海国际贸易中心建设规划》
	2017 年 4 月	《上海市电子商务发展"十三五"规划》
河南	2014 年 1 月	《河南省人民政府关于加快电子商务发展的若干意见》
	2014 年 8 月	《郑州市电子商务发展规划(2014—2020 年)》
	2016 年 5 月	《中国(郑州)跨境电子商务综合试验区建设实施方案》
	2017 年 8 月	《河南自由贸易试验区和跨境电子商务综合试验区省级专项资金管理暂行办法》
	2018 年 9 月	《关于做好河南省跨境电子商务综合试验区 2018 年度省级专项资金项目申报工作的通知》
浙江	2014 年 4 月	《浙江省跨境电子商务实施方案》
	2016 年 4 月	《浙江省大力推进产业集群 跨境电子商务发展工作指导意见》
	2016 年 9 月	《浙江省跨境电子商务管理暂行办法》
	2016 年 12 月	《杭州市关于加快跨境电子商务发展的实施意见》
	2016 年 12 月	《浙江电子商务产业发展"十三五"规划》
重庆	2016 年 7 月	《中国(重庆)跨境电子商务综合试验区实施方案》
	2016 年 8 月	《重庆市现代商贸服务业发展"十三五"规划》
	2017 年 8 月	《重庆市创新跨境电子商务监管服务工作方案》
青海	2016 年 3 月	《青海省十三五规划纲要》
	2016 年 4 月	《青海省关于大力发展电子商务加快培育经济新动力的实施意见》
	2016 年 9 月	《青海省"十三五"商务发展规划》
宁夏	2015 年 10 月	《关于促进电子商务发展加快培育经济新动力的实施意见》
	2016 年 11 月	《宁夏信息化"十三五"发展规划》
	2017 年 4 月	《宁夏回族自治区物流业"十三五"发展规划》

续表

地区	时间	政策名称
新疆	2016年6月	《自治区人民政府关于大力发展电子商务加快培育经济新动力的实施意见》
	2016年12月	《新疆维吾尔自治区电子商务"十三五"发展规划》
西藏	2018年3月	《西藏自治区"十三五"时期物流业发展规划》

以上数据来源于前瞻产业研究院发布的《2016—2018年中国跨境电子商务产业园发展模式与产业整体规划研究报告》。

7.1.3 中国跨境电子商务行业八大政策

2020年受疫情影响,跨境电子商务作为推动外贸转型升级、打造新经济增长点的重要突破口,政策也不断加持跨境电子商务的发展。网经社电子商务研究中心B2B与跨境电子商务部主任、高级分析师张周平表示,2020年从国务院到相关各部委均出台或表态支持跨境电子商务的发展,从跨境零售进口试点及跨境电子商务综试区的新增,以及跨境B2B出口监管试点等,政策不仅覆盖进出口市场,还覆盖零售和批发模式,政策对跨境电子商务的发展起到重要的推动作用。网经社长期跟踪跨境电子商务政策,以下为通过第三方视角对2020年跨境电子商务政策动向进行盘点与解读(图7-4)。

时间	部门	政策
2020年1月17日	商务部等六部委	《关于扩大跨境电子商务零售进口试点的通知》
2020年3月28日	海关总署	《关于跨境电子商务零售进口商品退货有关监管事宜公告》
2020年4月7日	国务院常务会议	推出增设跨境电子商务综合试验区、举办网交会等系列举措
2020年5月6日	国务院	《关于同意在雄安新区等46个城市和地区设立跨境电子商务综合试验区的批复》
2020年5月20日	国家外汇管理局	《关于支持贸易新业态发展的通知》
2020年6月12日	海关总署	《关于开展跨境电子商务企业对企业出口监管试点的公告》
2020年7月2日	商务部	加快推动跨境电子商务健康有序发展
2020年11月15日	15国组织	《区域全面经济伙伴关系协定》(RCEP)

图7-4 2020年中国跨境电子商务行业八大政策

1. 六部委联合印发《关于扩大跨境电子商务零售进口试点的通知》

政策概述:2020年1月17日,商务部、发展改革委、财政部、海关总署、税务总局、市场监管总局六部委联合印发《关于扩大跨境电子商务零售进口试点的通知》。将进一步扩大跨境电子商务零售进口试点范围,本次扩大试点后,跨境电子商务零售进口试点范围将从 37 个城市扩大至海南省和其他 86 个城市(地区),覆盖 31 个省、自治区、直辖市。

政策解读:扩大跨界电子商务试点有利于扩大进口,有利于降低进口综合交易成本,同时,也使得普通民众能更加方便地购买自己所需的商品,提升生活水平。而此次在试点地区的选择上,主要考虑的因素包括:一是统筹考虑自贸试验区发展需要,将符合海关监管条件的自由贸易试验区所在地区纳入试点;二是积极支持跨境电子商务综合试验区发展,将新设立的跨境电子商务综试区所在城市纳入试点;三是积极发挥跨境电子商务扩大消费、支持相关地区开放发展作用,将符合海关监管条件的国家级贫困县所在城市纳入试点。

2.《关于跨境电子商务零售进口商品退货有关监管事宜的公告》

政策概述:2020 年 3 月 28 日,海关总署发布《关于跨境电子商务零售进口商品退货有关监管事宜的公告》,跨境电子商务出口企业、特殊区域内跨境电子商务相关企业或其委托的报关企业可向海关申请开展跨境电子商务零售出口、跨境电子商务特殊区域出口、跨境电子商务出口海外仓商品的退货业务。

政策解读:政策对跨境电子商务零售进口商品退货监管进行了进一步优化,帮助企业积极应对疫情影响,包括延长 15 天退货操作时间、明确退货场地等,更加符合退货业务实际的同时,也使消费者退货更加便利。

3. 增设跨境电子商务综合试验区、举办网交会等

政策概述:2020 年 4 月 7 日,国务院常务会议推出增设跨境电子商务综合试验区、支持加工贸易、广交会网上举办等系列举措,积极应对疫情影响,努力稳住外贸外资基本盘;决定延续实施普惠金融和小额贷款公司部分税收支持政策。

政策解读:面对严峻的外贸形势,国务院常务会议推出的增设跨境电子商务综试区、支持加工贸易发展、举办网上广交会等一系列稳外贸政策,打出政策组合拳,努力稳住外资外贸基本盘。跨境电子商务是外贸新业态中增速非常快的一种新贸易形式,随着跨境电子商务进出口在整个外贸进出口中的占比持续提高,其对稳外贸的作用越来越重要。

4.《关于同意在雄安新区等 46 个城市和地区设立跨境电子商务综合试验区的批复》

政策概述:2020 年 5 月 6 日,国务院发布《关于同意在雄安新区等 46 个城市和地区设立跨境电子商务综合试验区的批复》,同意在雄安新区、大同市、满洲里市、营口

市、盘锦市、吉林市、黑河市、常州市、连云港市等46个城市地区设立跨境电子商务综合试验区。

政策解读：疫情背景下，跨境电子商务模式继续被寄予厚望，从第四批跨境电子商务综试区获批到增设第五批跨境电子商务综试区只间隔3个多月，足以看出国家对跨境电子商务应对疫情影响下的传统外贸的重视程度。至此，全国105个跨境电子商务综试区已全面向全国复制推广，各地普惠。政策的加码不仅将带动中国跨境电子商务的快速发展，也将提升试点城市整体的创新活力，加大了政府招商引资的资本。

当前消费需求得到持续的释放，消费者不再满足于本土品牌，逐步看向世界舞台，进口消费走向常态化。受疫情影响，国人的跨境出行受到限制，线下消费也有局限，这给进口跨境电子商务带来了机会。

5.《关于支持贸易新业态发展的通知》

政策概述：2020年5月20日，国家外汇管理局发布《关于支持贸易新业态发展的通知》，从事跨境电子商务的企业可将出口货物在境外发生的仓储、物流、税收等费用与出口货款轧差结算。跨境电子商务企业出口至海外仓销售的货物，汇回的实际销售收入可与相应货物的出口报关金额不一致。跨境电子商务企业按现行货物贸易外汇管理规定报送外汇业务报告。

政策解读：优化了贸易新业态外汇结算模式，扩大了账户收支范围，推动了更多业务网上办理，在降低市场主体综合成本的同时，提升了跨境结算效率。在放宽外汇管理方面，一是便利跨境电子商务出口业务资金结算，跨境电子商务可将境外仓储、物流、税收等费用与出口货款轧差结算；二是优化跨境电子商务相关税费的跨境代垫，企业可为客户跨境代垫相关的仓储、物流、税费等；三是满足个人对外贸易结算需求，个人可通过外汇账户办理跨境电子商务和市场采购贸易项下的外汇结算。

6.《关于开展跨境电子商务企业对企业出口监管试点的公告》

政策概述：2020年6月12日，海关总署发布《关于开展跨境电子商务企业对企业出口监管试点的公告》，自2020年7月1日起，跨境电子商务B2B出口货物适用全国通关一体化，也可采用跨境电子商务模式进行转关。首先在北京、天津、南京、杭州、宁波、厦门、郑州、广州、深圳、黄埔海关开展跨境电子商务B2B出口监管试点，根据试点情况及时在全国海关复制推广，有利于推动外贸企业扩大出口，促进外贸发展。

政策解读：中国跨境电子商务的发展政府顶层设计推动非常重要，但是在以往的政策推动过程中，更多集中在零售进出口跨境电子商务领域。B2B跨境电子商务政策红利较少，对于中国外贸出口来说，跨境电子商务B2B模式恰恰是绝对主流，B2B模式未来的增量更是不可限量。新政策背后其实表达的市场趋势是：未来中国传统外贸转型跨境电子商务是大势所趋,对于更多传统外贸企业转型跨境电子商务,跨境电子商务B2B模式是未来真正的主流模式,后疫情时代,跨境电子商务B2B模式的出口数据也会越来越大。

7. 商务部发布会加快推动跨境电子商务健康有序发展

政策概述:2020年7月2日,商务部举行例行新闻发布会,继续加大政策、制度、管理和服务创新,加快推动跨境电子商务健康有序发展。商务部新闻发言人表示,近年来,作为新的外贸业态,跨境电子商务零售出口蓬勃发展,为中小微企业开拓海外市场、吸纳和稳定就业发挥了积极作用。2019年,跨境电子商务零售出口总额同比增长60%。2020年前5个月,跨境电子商务零售出口逆势增长,同比增长12%。

政策解读:商务部对跨境电子商务的表态有利于行业的快速发展,当前,跨境电子商务在制度、服务等创新方面还有较大的提升空间,未来在政策指引下,还能够加大力度促使政策更快落地,从而推动跨境电子商务有序发展。

8.《区域全面经济伙伴关系协定》(RCEP)正式签署

政策概述:2020年11月15日,《区域全面经济伙伴关系协定》(RCEP)正式签署。RCEP协定的第十二章详细列出了"电子商务"的具体条款。在第十二章电子商务部分中,第四节促进跨境电子商务部分包括:计算设施的位置和通过电子方式跨境传输信息。在通过电子方式跨境传输信息上,一是缔约方认识到每一缔约方对于通过电子方式传输信息可能有各自的监管要求;二是一缔约方不得阻止涵盖的人为进行商业行为而通过电子方式跨境传输信息等。

政策解读:RCEP会给目前中国如火如荼的跨境电子商务行业带来巨大的机会。比如海外仓、东南亚市场的建立,国际人才的招聘,未来,外贸跨境行业会拥有质的飞跃。目前,跨境电子商务进口业发展得非常火爆,RCEP的签署,本质上进口商品的交易成本会大幅度下降,特别是跨境电子商务进口企业,可以让客户买到更便宜的优质海外商品,特别是区域内的产品,这会进一步促进跨境电子商务进口行业的发展。"

7.2 跨境电子商务服务的机会

全球竞争中,放眼中国供应链的主要对手,目前除越南外,东南亚和日韩等国家的出口能力在疫情冲击下被明显削减,而越南供应链本身体量不足,目前欧美需求端释放的机遇可以说只有中国能够把握。那么,中国的跨境电子商务服务还有哪些机会呢?

7.2.1 电子信息技术不断进步

21世纪是互联网电子信息技术飞速发展的时代,当前的电子信息技术以互联网技术的应用驱动为中心发展趋势,而电子信息技术是支撑我国外贸企业开展跨境电子商务的基石,体现在跨境电子商务交易的每个环节。一方面,电子信息技术的不断发展升级使市场上的网络终端设备越来越多,这在不经意间增加了网络终端设备的消费人群,在增加目标消费群体规模的同时,也为我国外贸企业发展跨境电子商务提供了基础设施建设。另一方面,互联网应用能力的提升使跨境电子商务体系逐步成熟,外贸企业从业人员在开展跨境电子商务时,操作业务流程的难度系数越来越低,同时逐步降低了跨境电子商务应用层面的经济成本。电子信息技术对当前外贸企业开展跨境电子商务最重要的贡献在于互联网数据中心技术的提升,这对当前跨境电子商务的营销模式发展趋势(大数据精准营销模式)提供了重要的技术支撑,只有数据中心发挥其稳定的作用,外贸企业在开展跨境电子商务时才能准确地存储数据,并根据搜集数据的数量与分类,通过云计算分析其中蕴含的规律,发现消费者的需求和偏好,从而开展精准营销。

电子信息技术是电子商务发展最重要的先决条件。在电子信息技术飞速发展的今天,其在互联网领域的一系列应用无疑为中小外贸企业开展跨境电子商务提供了不可多得的机会。

7.2.2 跨境电子商务平台持续高速发展

现阶段,我国跨境电子商务平台逐渐起步并持续高速发展,目前主流的跨境电子商务服务平台主要分为三大类:一类是由海关总署和地方海关监管并开通,同时服务于传统型中小外贸企业和跨境进出口电子商务企业的跨境电子商务通关服务平台,这类通关服务平台主要针对目前外贸订单碎片化的发展趋势,以便匹配海关数据,达到监管与统计的目的;第二类是由国检局、国税局、外管局、外经贸委等各级政府职能部门监管下的跨境电子商务公共服务平台,这类平台一般由各地政府自行建设,是政府职能部门向中小外贸企业搭建的服务窗口;第三类是在国检局、商委、经信委等政府部门监管下,一般由企业自行投资并建设,为中小外贸企业提供一站式服务的跨境电子商务综合服务平台。跨境电子商务服务平台,尤其是第三种跨境服务平台的快速发展,为我国中小外贸企业开展跨境电子商务提供了不可或缺的机遇。对于大多数中小外贸企业而言,其自身缺乏一定的资本实力,在融资、供应链、整合信息与资源等方面处于劣势,而跨境电子商务综合服务平台恰好弥补了中小外贸企业的这些缺陷。我国中小外贸企业可依托跨境电子商务综合服务平台建立客户评价体系,利用其信息数据的整合能力开展精准大数据营销,增强自身的抗风险能力,也更容易得到技术支持与融资。据不完全统计,在各大跨境电子商务综合服务平台目前完成注册的中小外贸企业已经超过 200 万家,在我国 500 万家中小外贸企业中约占 40%。表 7-5 为现阶段我国跨境电子商务综合服务平台的分类和不同商业模式的代表企业。

表 7-5　中国跨境电子商务综合服务平台分类及代表企业

分类标准	商业模式	跨境电子商务综合服务平台企业
产业终端用户类型	B2B 平台	敦煌网、中国制造、阿里巴巴国际站、环球资源网
	B2C 平台	DX、速卖通、兰亭集势、大龙网、米兰网
服务类型	信息服务平台	中国制造网、环球资源网、阿里巴巴国际站
	在线交易平台	敦煌网、炽昂科技、大龙网、速卖通、DX
平台运营方	第三方开放平台	敦煌网、速卖通、环球资源网、阿里巴巴国际站
	自营型平台	大龙网、炽昂科技、兰亭集势、米兰网

数据来源:《中国电子商务发展指数报告 2014—2015》

7.2.3　移动终端购物模式逐渐普及

跨境零售是我国中小外贸企业开展跨境 B2B、B2C 的主要交易模式,移动跨境电子商务的出现和发展为我国跨境零售业务的开展提供了新的机遇。目前,伴随着移动通信科技的快速发展,4G、5G 以及 Wi-Fi 无线网络技术的不断应用和升级,智能手机、平板电脑等移动终端设备逐渐走入了广大的消费人群,并衍生了移动电子商务交易和移动电子支付,逐渐改变了传统的购物观念。移动通信型电子商务具备一般电子商务的所有优点,如信息传递的高效性与全球性,且比一般电子商务更方便、更快捷,消费者可以足不出户、随时随地从全球各个国家和地区购买需要的商品。这种新型的购物模式逐渐被人们接受并成功改变了当前人们的生活方式,尤其是对于能够快速适应新消费观念的年轻人,越来越多的消费者倾向于使用移动终端设备完成对跨境商品的购买。同时,根据部分跨境平台公布的交易数据显示,当前使用移动终端设备购买商品的用户占比达到 50% 以上。

一方面,移动跨境电子商务无时不在的购物模式提升了用户的购物体验,使消费者通过碎片式浏览养成通过移动终端随时关注商品的习惯,增加冲动型消费。另一方面,跨境电子商务企业在移动终端 APP 的积极推广和营销促进了移动跨境购物市场的规模,无形中为我国开展跨境零售的中小外贸企业增加了贸易收入。

7.3　跨境电子商务服务的类别

跨境电子商务服务平台包含平台运作模式以及自营运作模式,网络中枢是跨境电子商务主要的沟通渠道,跨境电子商务本身涉及不同的国家和地区,因此商品在交易时就变得复杂、烦琐,使跨境电子商务存在不同的运作模式,如何有效运作跨境电子商务在今后的经营中被广泛重视。我国已经启动跨境电子商务服务的试点城,以使跨境电子商务的发展能够进入快车道。跨境电子商务企业不断增加,也使跨境电子商务企业逐步进入正常发展轨道。

7.3.1 当下的跨境电子商务类型

当下的跨境电子商务类型基本分为三大类,分别按交易主体、交易物品、物品的流动性分类,具体如下。

1) 按照交易主体分类

跨境电子商务的类型划分不同,因此跨境电子商务根据主体属性的不同可以将交易分成三类:政府、企业以及个人。个人是指作为消费者在跨境电子商务平台上购物的人群;企业是指对于一些团队购买的公司;目前跨境电子商务并未涉及政府这一主体。跨境电子商务的划分有利于价值链的划分,根据买卖双方的种类也能够将跨境电子商务分为不同种类,将现有的分类方式成功引入跨境电子商务的交易。跨境电子商务具有代表性的电子交易平台是阿里巴巴、天猫、蘑菇街、贝贝母婴等。因此,交易主体种类在跨境电子商务中占据一定位置。

再结合买方与卖方属性,可将电子商务的类型划分为很多种,其中又以 B2B、B2C、C2C、B2G 的提法最多,可将这种分类方式引入跨境电子商务交易。由于目前的跨境电子商务交易尚未涉及政府这一交易主体,因此跨境电子商务可分为 B2B 跨境电子商务、B2C 跨境电子商务、C2C 跨境电子商务三类。B2B 跨境电子商务中具有代表性的是阿里巴巴(为与阿里巴巴集团进行区分,此处的阿里巴巴特指阿里巴巴集团旗下的 1688 全球购物网站),B2C 跨境电子商务中具有代表性的有天猫国际、京东全球购、网易考拉、洋码头等,C2C 跨境电子商务中具有代表性的有阿里速卖通(成立之初为 C2C 模式,后于 2016 年向 B2C 主营方向转型)、美丽说、海蜜、易贝等。

2) 按照交易物品分类

按照电子商务网站经营商品的品类进行划分,可将电子商务分为垂直型电子商务与综合型电子商务两类。其中,垂直型电子商务专注于某些特定的领域或某种特定的需求,提供该领域或该需求全部的深度信息与服务,如定位母婴商品的红孩子(2012 年被苏宁收购)、专注于服装的凡客诚品、专注于女性用品特卖的唯品会等;综合型电子商务是一个与垂直型电子商务相对应的概念,它不像垂直型电子商务那样专注于某些特定的领域或某种特定的需求,所展示和销售的商品种类繁多,涉及多种行业,如淘宝网、京东商城等。按照电子商务网站开发与运营主体进行划分,可将电子商务分为第三方平台电子商务(或称平台型电子商务)和自营型电子商务两类。其中,平台型电子商务开发和运营第三方电子商务网站,吸引商品卖家入驻平台,由卖家负责商品的物流与客服,并对买家负责,平台型电子商务并不亲自参与商品的购买与销售,只负责提供商品交易的媒介或场所,如淘宝网、天猫商城等;自营型电子商务是一个与平台型电子商务相对应的概念,自营型电子商务不仅开发和运营电子商务网站,而且自己负责商品的采购、销售、客服与物流,同时对买家负责,其代表性企业有京东商城(其在发展初期为自营型电子商务,后来开始向综合型电子商务发展)、凡客诚品、1号店、海尔商城、亚马逊与当当网(亚马逊与当当网也在逐渐向综合型电子商务转型)等。

如图7-5所示,可以综合使用上述两种分类,将跨境电子商务分为综合平台型、综合自营型、垂直平台型、垂直自营型四类。

图7-5 跨境电子商务分类

其中,综合平台型跨境电子商务的代表性企业有京东全球购、天猫国际、淘宝全球购、洋码头等;综合自营型跨境电子商务的代表性企业有亚马逊海外购、沃尔玛全球e购、网易考拉海购、小红书、兰亭集势等;垂直平台型跨境电子商务的参与者比较有限,主要集中于服饰、美妆等垂直类商品,代表性企业有美丽说、海蜜全球购等;垂直自营型跨境电子商务也比较少见,代表性企业有我买网跨境购、蜜芽、聚美优品、唯品会等。按照平台型与自营型对跨境电子商务进行划分较为常用,也是人们普遍接受的分类标准。平台型跨境电子商务的主要特征:一是交易主体提供商品交易的跨境电子商务平台,并不参与商品购买、销售等相应的交易环节;二是国外品牌商、制造商、经销商、网店店主等入驻该跨境电子商务平台,从事商品展示、销售等活动;三是商家云集,商品种类丰富。平台型跨境电子商务的优势和劣势均比较鲜明。其优势表现:一是商品货源广泛而充足;二是商品种类繁多;三是支付方式便捷;四是平台规模较大,网站流量较大。其劣势表现:一是跨境物流、海关、商检等环节缺乏自有稳定渠道,服务质量不高;二是商品质量保障水平较低,容易出现各种类型的商品质量问题,导致消费者信任度偏低。自营型跨境电子商务的主要特征:一是开发和运营跨境电子商务平台,并作为商品购买主体从海外采购商品与备货;二是涉及从商品供应、销售到售后的整条供应链。自营型跨境电子商务的主要优势:一是电子商务平台与商品都是自营的,掌控能力较强;二是商品质量保障水平高,商家信誉度好,消费者信任度高;三是货源较为稳定;四是跨境物流、海关与商检等环节资源稳定;五是跨境支付便捷。自营型跨境电子商务的主要劣势:一是整体运营成本高;二是资源需求多;三是运营风险高;四是资金压力大;五是商品滞销、退换货等问题显著。

3) 按照物品的流动性分类

跨境电子商务本身的商品流动性较大,跨越了国家地理空间的范畴。按照物品的流动性进行划分可分为两大类,一是跨境进口电子商务,二是跨境出口电子商务。首先,跨境进口电子商务是指从事跨境进口电子商务的服务,跨境出口电子商务是指从事跨境出口电子商务的服务。从事跨境电子商务进口业务具体是指将国外的物品通过各种渠道在我国的电子市场上销售,出口跨境电子商务具体是指将我国的物品通过各种渠道在国外的电子市场销售。以往想要达到此目的,就要通过代购的方式,跨境电子商务的出现把以往的代购与现代的网络营销相结合,通过跨境电子商务的电子平台进行展示,从而进行交易、支付、送达商品,以此保证消费者的权益

跨境进口电子商务企业的代表性企业有天猫国际、京东全球购、洋码头、小红书等;跨境出口电子商务企业的代表性企业有亚马逊海外购、易贝、阿里速卖通、环球资源、大龙网、兰亭集势、敦煌网等。

7.3.2 跨境电子商务的运作模式

1. 跨境电子商务的平台运作模式

平台型跨境电子商务是指能够开发和运营的电子商务平台,由于自身没有参与商品的采购、销售工作,因此运营跨境电子商务的重点就聚焦到了网络平台上。例如,跨境电子商务平台上的网站流量发掘以及前期的招商工作,最关键的就是辅助服务阶段。跨境电子商务的平台业务流程基本(图7-6)为建立网站、引入浏览量招商、平台管理、物流系统、售后服务,其中,最关键的在于建立网站阶段,建立网站是吸引开发商以及浏览量的关键,网站的日常业务就是平台的管理,包括商品、商家以及消费者,商品自身的质量、形象以及对各类商品举行的市场活动,在推动商品成功销售的过程中保持与消费者的沟通情况,可以提高商家以及消费者的满意度。此外,还应当提供一些服务,旨在弥补入驻商家的服务短板与劣势,如支付、客服、物流、监管等工作环节,这些都是促进平台流量、商家入驻数量、商品销量、消费者满意度提升的重

要服务内容。

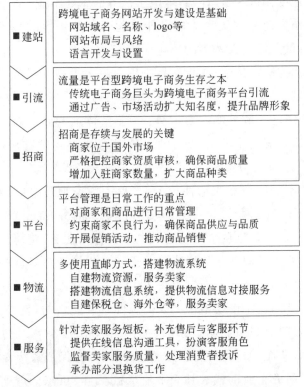

图7-6 平台型跨境电子商务业务的流程与特征

接下来结合交易主体类型分析平台型跨境电子商务的业务流程。B2B跨境电子商务模式尽管单笔交易规模较大，但使用频率不高，与人们的日常消费关联度不大，此处不再详细探究，并由此将平台型跨境电子商务细分为B2C平台型跨境电子商务与C2C平台型跨境电子商务两类。

B2C平台型跨境电子商务的业务流程具体参见图7-7。B2C平台型跨境电子商务在网站流量、商品品类方面具有显著优势，但在品牌招商方面存在一定困难，需要在规模与质量之间寻找平衡，这主要是因为目前规模较大的商家数量较少，而且由于平台型跨境电子商务企业之间的竞争与资源争夺，导致规模较大的商家的引入难度较高，而规模较小的商家尽管数量众多，但平台又面临商家与商品质量的把控难题。

C2C平台型跨境电子商务的业务流程如图7-8所示。C2C平台型跨境电子商务的最大优势在于商品种类丰富，但由于入驻商家为个人且数量庞大，因此导致C2C平台型跨境电子商务对卖家与商品的控制能力偏弱，容易引发商品质量等方面的风险，这也是目前消费者对C2C类电子商务平台信任度偏低的主要原因。平台型跨境电子商务也分为两种，其一是重视网站流量、商品类型方面，在招商方面，需要在规模和质量之间寻找平衡；其二是商品的种类丰富，但需要重视商品质量。

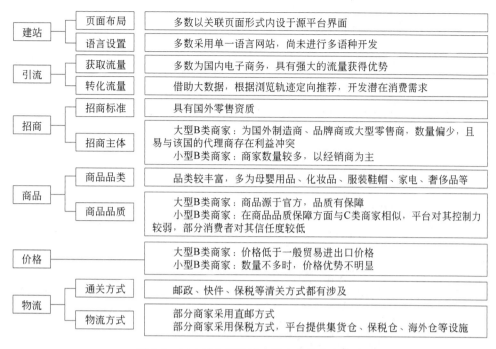

图 7-7　B2C 平台型跨境电子商务的业务内容

注：B 类商家指以企业或组织形式存在的商家；C 类商家指以个人形式存在的商家。

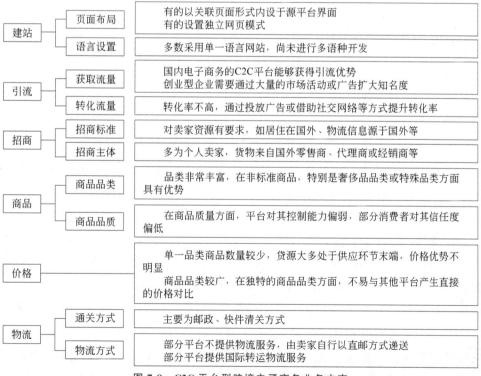

图 7-8　C2C 平台型跨境电子商务业务内容

第 7 章　跨境电子商务服务链

2. 跨境电子商务的自营运作模式

与平台跨境电子商务模式不同,自营型跨境电子商务企业更贴近传统的营销企业,它只是将原本在线下交易的商品转移到线上交易。如图 7-9 所示,自营型跨境电子商务企业更讲究商品供应链的参与性,包括对销售商品的选择,对供应商的开发和谈判,以及后续的服务。

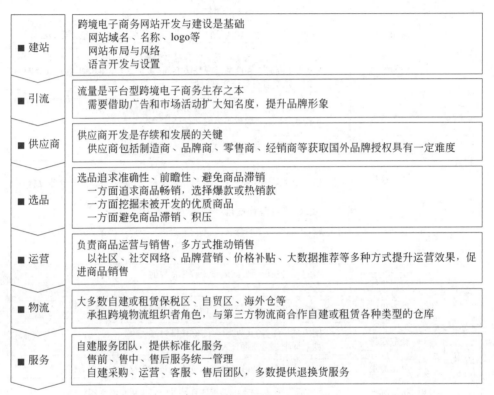

图 7-9　自营型跨境电子商务业务内容

由于自营型跨境电子商务在交易主体属性分类上归属于 B2C 模式,因此此处不再采用交易主体属性模式对其进行细分,而是根据商品种类将之细分为综合自营型跨境电子商务、垂直自营型跨境电子商务两种。综合自营型跨境电子商务业务内容如图 7-10 所示,其商品来源大多与品牌商较为接近,商品加工能力较强,加之省去了中间环节的诸多成本,其商品在价格上优势显著,但其商品数量要远远少于综合类平台型跨境电子商务,在进行商品品类扩展时难度较大,成本增加比较显著。

垂直自营型跨境电子商务的业务内容如图 7-11 所示。垂直自营型跨境电子商务的最大优势在于对利基市场的定位与深挖、对目标群体的了解以及服务的深入,在商品选取能力与销售转化率方面均表现优秀。由于其市场定位是利基市场,因此导致其商品品类单一,且受政策因素影响较大。此外,由于垂直自营型跨境电子商务企业

图 7-10 综合自营型跨境电子商务业务内容

图 7-11 垂直自营型跨境电子商务业务内容

在规模、实力、流量、管理水平等方面表现较弱,与商品供应商,特别是一些大型品牌商合作时存在一定难度,会导致商品在价格上的优势要弱于综合自营型跨境电子商务企业。

跨境电子商务是重要的经济组织之一,在电子商务中,跨境电子商务最为活跃。在交易中,跨境电子商务不仅是企业,也是商品交易的渠道,更是交易双方进行沟通的桥梁。

7.4 主要跨境电子商务服务分析

随着传统外贸渠道的疲态,跨境电子商务的发展异常火爆,跨境电子商务未来很有可能成为主流的外贸出口模式,并且成为推动中国外贸经济的一个重要突破口。跨境电子商务主要分为跨境进口和跨境出口,目前中国的外贸人选择的跨境电子商务平台主要是速卖通、Amazon、Ebay 和 Wish 等,这些主流的跨境电子商务平台各有特点,对于跨境电子商务从业者来说,如何选择符合自己的跨境平台是首先要做的事情。

7.4.1 选择一个跨境平台集中资源投入,切忌广撒网模式

跨境贸易新人往往都认为只要在主流的跨境电子商务平台将商品全部上架开店,这样机会就最大,收益也会最大。其实,这个观点是错误的,特别对于跨境新人,因为其经验、资源、精力往往有限,专注永远比广撒网更有效率,选择一个适合自己的跨境平台,投入自己的资源,好好经营一家店铺,这才是跨境新人正确的第一步,如果在 4 大平台全部投入,顾此失彼,最终往往会竹篮打水一场空。

7.4.2 阿里速卖通

先来说一下阿里的速卖通(Aliexpress),作为阿里巴巴未来国际化的重要战略产品,速卖通这几年的发展可谓风生水起,2009 年 9 月 9 日正式上线的速卖通平台已经成为目前全球极活跃的跨境平台之一,速卖通依靠阿里巴巴庞大的会员基础,已经成为目前全球产品品类极丰富的平台之一,速卖通的特点是价格比较敏感,低价策略比较明显,这也和阿里巴巴导入淘宝的卖家客户策略有关,很多人现在做速卖通的策略就类似于前几年的淘宝店铺。速卖通市场的侧重点在于新兴市场,特别是俄罗斯和巴西,对于俄罗斯市场,截至 2013 年 3 月底,速卖通共有超过 70 万的俄罗斯注册用户,占平台所有注册用户约 9%。现在的注册数据应该更加火爆。同时,速卖通因为是阿里系的平台产品,页面操作的中英文版简单整洁,非常适合新人上手,阿里巴巴一直有非常好的社区和客户培训传统,通过社区和阿里的培训,跨境新人可以通过速

卖通快速入门。

结合速卖通的特点：跨境新人，产品特点符合新兴市场的卖家（俄罗斯、巴西等），产品有供应链优势，价格优势明显，最好是工厂直接销售。

7.4.3 亚马逊

作为这个世界电子商务的鼻祖，亚马逊（Amazon）对于整个世界的影响力是巨大的，中国外贸人选择跨境BTOC首先认识的也是亚马逊，那时也还没有速卖通等其他新兴平台。其实，阿里巴巴和亚马逊有很多相似之处，都已经打造了庞大的客户群和数据基础设施，亚马逊对于卖家的要求较高，特别是产品品质，对于产品品牌也有一定的要求，手续也比速卖通等平台复杂。新人注册亚马逊账号以后，后期收款的银行账户所在地需要是美国、英国等国家。对于成熟的亚马逊卖家，最好先注册一家美国公司或者找一家美国代理公司，然后申请联邦税号，关于新人注册成为亚马逊的供应商，一般需要注意以下几点。

（1）有比较好的供应商合作资源，供应商品质需要非常稳定，最好有很强的研发能力。

（2）接受专业的培训，了解开店政策和知识，亚马逊的开店比较复杂，并且有非常严格的审核制度，如果违规或者不了解规则，不仅会有封店铺的风险，甚至会有法律上的风险，所以建议选择一家培训公司先培训。

（3）需要有一台计算机专门登录Amazon账号，这个对于Amazon的店铺政策和运营后期都非常重要，一台计算机只能登录一个账号，不然会和规则冲突。

（4）需要一张美国的银行卡，Amazon店铺产生的销售额是全部保存在Amazon自身的账户系统中的，要想把钱提出来，必须要有美国本土银行卡。解决这个问题也比较简单，其实作为外贸人，一般都有一些海外客户资源，包括客户、海外的朋友，通过他们解决这个问题也不是特别困难的事情，国内也有一些代理机构提供这样的服务。

（5）流量是关键，亚马逊流量主要分内部流量和外部流量，类似于国内的淘宝，同时应该注重SNS社区的营销，软文等营销方式也比较有效。

总结：选择亚马逊平台，一般建议有很好的外贸基础和资源，包括稳定可靠的供应商资源，美国本土的人脉资源，卖家最好有一定的资金实力，并且有长期投入的心态。

7.4.4 eBay

eBay基本上可以等同于国内的淘宝，对于国际零售的外贸人来说，eBay的潜力还是巨大的，因为eBay的核心市场在美国和欧洲，是比较成熟的市场，相对于亚马逊，

eBay 的开店手续也不是特别麻烦，但是 eBay 有一个非常严重的问题，就是 eBay 的规则严重偏心买家，如果产品，特别是销售后问题的严重，很容易出现问题，对于做 eBay，最核心的问题应该是付款方式的选择，大家现在选择的一般都是 PayPal 这个付款方式，但是这个付款方式也有一定的风险，特别对于 eBay 来说，因为特别偏心买家，经常有这样的实际案例——遇到买卖争议时最终偏心买家，卖家损失惨重。

eBay 成功的关键是选品，eBay 的主要市场是美国和欧洲，所以做 eBay 前最好做市场调研，一般可以通过如下几个方法做调研。

（1）进入 eBay，总体研究整个市场的行情，结合自己的供应链特点进行深入分析。

（2）对于欧美市场的文化、人口、消费习惯、消费水平进行研究，从而选择有潜力的产品。

（3）选择一些 eBay 的热销产品，对产品渠道、产品价格进行研究，分析自己的优势。

（4）对于优势热销产品，应该研究市场优势和未来的销售潜力，这是最重要的，因为一旦投入精力和资本，选择一个产品就需要长期的考虑。

（5）对于产品在美国、欧洲市场的利润率和持续性的考虑，深入研究产品品类。

eBay 的特点如下。

（1）eBay 的开店门槛比较低，但是需要的手续比较多，例如发票、银行账单，所以需要对 eBay 的规则有非常清楚的了解。

（2）eBay 开店是免费的，但是上架一个产品需要收费，这一点和淘宝区别很大。

（3）eBay 的审核周期很长，一开始不能超过 10 个宝贝，而且只能拍卖，需要积累信誉才能越卖越多，而且出业绩和出单周期也很长，积累时间有时让人受不了，但只能慢慢积累。

（4）如果遇到投诉，店铺被封是常有的事情，所以质量一定要过关。

总结：对于 eBay，我们应该选择有地区优势的产品，例如产品目标市场在欧洲和美国，eBay 的操作比较简单，投入不大，适合有一定外贸资源的外贸人做跨境电子商务。

7.4.5 Wish

Wish 是一个刚刚兴起的基于 App 的跨境平台，主要靠价廉物美吸引客户，在美国市场有非常高的人气和市场追随者，核心产品品类包括服装、珠宝、手机礼品等，大部分都是通过中国发货，Wish 的主要吸引力就是价格特别便宜，但是因为 Wish 个性的推荐方式，产品品质往往也比较好，这也是 Wish 短短几年就发展起来的核心因素。Wish 97％的订单量来自移动端，App 日均下载量稳定在 10 万，峰值时冲破 20 万，目前用户数已经突破 4700 万。

7.4.6 对于跨境产品的选择应该考虑的

主要包括以下几点。

(1) 市场潜力巨大,利润率比较高,做跨境电子商务产品利润率最基本是50%以上,甚至是100%。

(2) 适合国际物流,产品体积较小、重量轻、不容易破碎,这点非常关键。

(3) 操作简单,需要指导安装的产品不要做跨境电子商务,因为后续的投诉和客户服务成本非常高。

(4) 售后服务简单,即基本上不需要销售后服务的产品。

(5) 有独立设计,包括产品研发能力、包装设计能力等,这点非常关键。

(6) 不要违反平台和目的国的法律法规,特别是盗版或者违禁品,这类产品千万不要销售,不仅赚不了钱,甚至需要付出法律的代价。

7.4.7 跨境电子商务团队的建立

对于跨境电子商务运营,一个成功的团队非常关键,特别是对于中小企业转型做跨境电子商务。中小企业资源不多,一切都应从实际出发。

(1) 从传统的BTOB平台运营中找人才。跨境电子商务人才首先可以从原来的外贸人才中选择,因为外贸企业都有类似的基因,特别是那些原来的阿里巴巴BTOB的外贸业务员,这样的转型也非常顺理成章。

(2) 从淘宝运营中找人才。现在,淘宝在中国市场非常成熟了,熟悉淘宝运营的人非常多,经过简单培训即可很容易地成为跨境电子商务应用人才,其实从推广到数据运营跨境的玩法都和淘宝很类似,而且淘宝现在有非常好的运营基础,这样的人也非常好找。

7.4.8 系统化的跨境电子商务人才培训

现在,中国电子商务人才中最稀缺的就是跨境电子商务人才,跨境的环境和政策也是一日千里,所以企业应该对于跨境人才有系统的培训,无论是运营还是对于平台政策的了解,这点十分重要,因为跨境电子商务交易周期、交易风险、后续的投诉等都比淘宝要严格得多,处理不好往往会损失惨重。

7.5 对跨境电子商务服务市场的看法

7.5.1 中国跨境电子商务经济环境总体经济增速平稳,发展健康

2020年,中国GDP首次突破100万亿元大关,初步核算为1015986亿元,较2019

年增长2.3%,人均GDP突破1万亿美元。咨询分析师认为,中国经济增速平稳,发展健康,居民对中国未来经济持积极态度,有利于扩大消费(图7-12)。

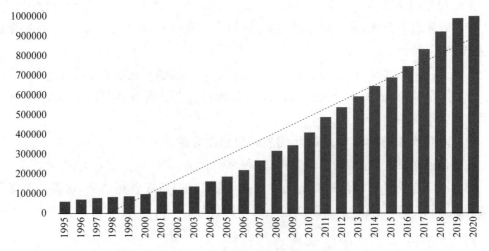

图7-12　2014—2020年中国国内生产总值(亿元)

数据来源:国家统计局

其次,货贸进出口体量巨大,进口额度稳定。数据显示,2020年中国货物贸易进出口总值4.64万亿美元,同比2019年增长1.5%,其中出口2.59万亿美元,增长3.6%,进口2.05万亿美元,下降1.1%,12月进出口达4856.8亿美元,增长12.9%,其中出口2819.3亿美元,增长18.1%,进口2037.5亿美元,增长6.5%。由此可见,中国货贸进出口体量巨大,波动小,增速平稳,贸易顺差保持稳定,受国际因素影响较小;中国内需巨大,进口额度保持稳定(图7-13)。

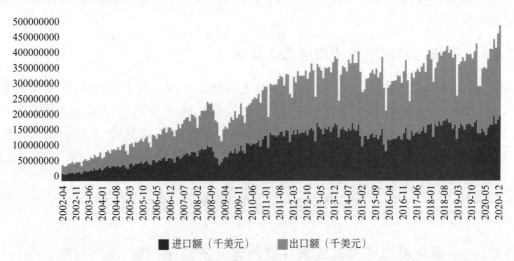

图7-13　2022—2020年中国月度货物进出口总值

数据来源:国家统计局

另外,行业趋近成熟,投资热度降低。跨境电子商务投资热度在 2015—2018 年达到最大,之后缓慢回落。可以看出,跨境电子商务行业正步入成熟期,行业规范化发展,行业集中度上升,资本投资热度有所降低。

2019 年中国进口跨境电子商务市场交易规模达 2.64 万亿元,同比上升 17.3%,2020 年进口跨境电子商务市场交易规模达 3.07 万亿元。所以说中国进口跨境电子商务趋近成熟期,增长速度稳定,疫情抑制了 2020 年进口跨境电子商务的交易规模,随着经济的复苏,国内消费升级,国内大循环成效明显,交易规模增长率将再次提高(图 7-14 和图 7-15)。

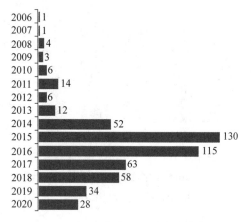

图 7-14 2006—2020 年中国跨境电子商务投资数量

数据来源:IT 桔子

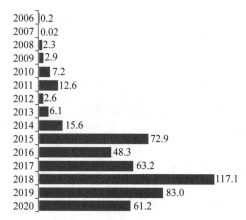

图 7-15 2006—2020 年中国跨境电子商务投资金额(亿·人民币)

数据来源:IT 桔子

7.5.2 中国跨境电子商务社会环境居民消费意愿提高,消费需求稳步释放

2019 年中国社会消费品零售额达 40 万亿元,较 2018 年增长 8%。2020 年中国社会

消费品零售额约 39 万亿元,较去年下降 3.9%,第四季度恢复明显,降幅比前三季度收窄 3.3%,市场销售逐季改善。所以说,中国内需庞大,经济韧性强,2022 年后复商复产加快,居民消费需求逐步释放。2011—2019 年社会消费品零售总额保持增长且增速略高于 GDP 增速,说明居民实物消费能力强,敢于消费,消费意愿不断提高(图 7-16)。

图 7-16　2011—2020 年中国社会消费品零售总额及增长率

数据来源:国家统计局、艾媒数据中心(data.iimedia.cn)

居民对网购依赖度逐年提高。2020 年中国网上零售额达 117601 亿元,较 2019 年轻微增长;网上零售额占居民消费支出比例为 38.7%,较 2019 年增长 3.5%。2020 年中国网上零售额占居民消费支出比例的增长速度进一步加快,居民越来越依赖网上购物,对网购的偏好逐年增强。

2019 年中国海淘用户规模为 1.54 亿人,2020 年中国海淘用户为 1.58 亿人。中国进口跨境电子商务具有较大的增长空间,居民对进口品的消费需求有待挖掘,随着经济的复苏、相关政策的完善以及市场的进一步开放,居民对进口品的消费需求随之释放,中国海淘用户将保持持续性增长(图 7-17)。

7.5.3　跨境电子商务技术环节、新技术或将解决行业痛点

跨境电子商务涉及物流、资金流、信息流的跨境流动,在货币兑换、物流运转、退换货、售后服务等方面存在痛点,同时平台上各中小型制造企业也面临融资困难的问题。区块链技术、大数据技术、供应链金融模式等的出现将促进供应链高效运转,提高交易完成速度,提升用户在跨境支付、跨境物流以及跨境售后服务方面的体验。

另外,阿里系跨境电子商务成为居民首选的消费平台。2020 年上半年,超过一半的用户选择阿里系平台——天猫国际和考拉海购,行业集中度指数 CR4＞7%,HHI＝0.37,跨境电子商务零售行业呈极高寡占型(图 7-18)。中国进口跨境电子商务行业局

图 7-17　2015—2020 年中国网上零售总额及居民消费支出总额及其比率

数据来源：国家统计局、艾媒数据中心（data.iimedia.cn）

势将保持相对稳定，各平台转向精细化运营。

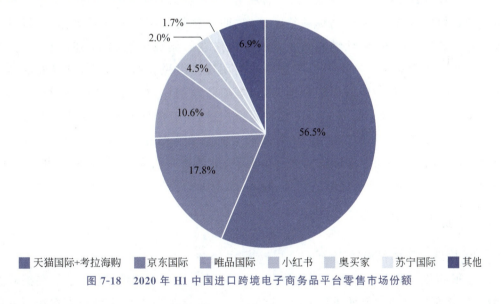

图 7-18　2020 年 H1 中国进口跨境电子商务品平台零售市场份额

7.6　给跨境电子商务服务的 7 点建议

目前，跨境电子商务领域还未出现绝对的龙头企业，随着跨境电子商务市场的进一步发展，笔者认为，随着政策法规的进一步发展和完善，早期发展中的各种不规范将逐渐得到调整，最终的竞争力仍将是电子商务行业的竞争点，即品牌、供应链、服务体验，只有在政策环境适宜的大环境下，商家对供应链进行深度把控，对消费者进行精细耕耘，才能获得进一步的发展。

第 7 章　跨境电子商务服务链

7.6.1 政策法规方向

政府在有意推进跨境电子商务的"阳光化",而推进阳光化最重要的是监管,跨境电子商务的迅猛发展使得原有的监管体系和进出口流程成为行业发展的掣肘,在逐步通过试点城市进行推行后,应对现有的海关政策进行调整规范。

目前,有部分公司已经实现与几地海关、国家检验检疫机构的系统对接,在境外商品批量进入保税区后,消费者在前端下单,海关系统将同步显示,海关根据平台的申请进行批量通关,既能节约时间,又可确保每件商品均经过海关检验,实现了阳光清关。同时,希望政府能够完成现有法律法规的梳理,在《食品安全法》的基础上制定各项部门规章,避免有关部门使用内部管理办法、文件等即可对商家进行处罚的情况,既能减少部门规范冲突,完善法治环境,也能促进商家、平台企业在明确的法律法规规范下合法开展各项经营活动。

为了保证跨境电子商务有法可依,保护相关交易方的利益,必须进一步完善相关的法律,对现行法律中模糊的标准给予确定,明确货物的商品属性界定标准,以及缺失的补齐和滞后的更新,杜绝相关企业和个人潜在的偷税漏税,甚至违法牟利,尤其在货物和个人物品的界定上要给予进一步的明确。在税收新政之后,进口商品的价格上涨很多,市场开始转向代购和走私,以规避新政的税收比率和清关手续。同时,目前国内关于跨境电子商务的法律几乎是空白的,所有的案件纠纷都遵循普通电子商务的法规或者《消费者权益保护法》,很难全面保障消费者或卖家的权益,未来一段时间里,对物品货物的界定标准的进一步明确、更新相关法律,以及对境外电子商务、平台、服务商,以及消费者之间的责任、权利、义务的归属仍需完善和细化。

7.6.2 企业发展方向

1) 构建优质的供应链

电子商务与供应链的关系体现为二者互相促进且互相制约,电子商务在提高交易效率、降低交易成本上效果明显,供应链可以为企业带来更低的物流成本和更好的客户体验,从而提高电子商务企业的竞争力。早先市场上对供应链的认识不够充分,将供应链的部分内容节选出来,使用物流的概念,并提出"得物流得天下"的不当说法。实际上,物流仅是供应链上的一个环节,它需要依托供应链进行运作。

供应链的优化是跨境进口电子商务的核心竞争力,良好的供应链表现在强大的海外商品组织能力、货源整合能力、物流供应能力上。好的供应链 = 最多商品 + 最低价格 + 最快到货速度。

无论是跨境电子商务的何种模式,都需要对商家、商品有足够的控制能力,掌控供应链可以更好地整合境外商家及商品,对货源、种类、质量等进行有效掌握,可以方便地根据市场进行营销策略的调整,而无须处处受制于商品供给。

所以,构建优质的供应链、增强海外商品组织和货源整合能力是企业增强竞争力的首要举措。供应链的整合控制能力是各跨境电子商务企业的主要发力方向。

2) 深入研究消费者的需求

首先是消费者的购物偏好。从经济学角度来讲,需求是一切市场活动的起源。早期跨境电子商务的发展,基于消费者对消费品有了更广范围、高硬品质、更低价格的需求。而发展到一定阶段,消费者的需求必然会有变化,会对到货速度、用户体验、产品个性化、服务质量、支付便捷等提出更高的要求。如何发掘消费者的需求并使其获得满足是所有跨境电子商务企业都需要做的事情。

母婴类产品将是未来的持续增长点,消费者对境内消费品质量的疑虑,以及对境外高品质用品的追求都将使得该类产品的需求持续走高。即使未来税费出现调整,也很难影响到该类商品。笔者以及身边的同事、朋友高频率地进行跨境电子商务购物,都集中在母婴类产品中。食品类产品更多地依赖人们的购物习惯,培养其兴趣之后,将具有高度的黏性。食品类产品受产地限制明显,受政策影响较小,将持续成为跨境消费品的支撑产品。奢侈品和电子产品受政策影响明显,如果商家的销售渠道限制减少、海关政策放松,则这两类商品的境内外差异将逐渐缩小,在跨境消费品的需求中将逐渐降低,但这两类商品单价较高,单笔消费额较高,短期内仍将构成跨境电子商务销售额的重要数据。

其次是关注消费者的关注点。通过跨境电子商务网站购物的人群中,对商品质量保证的需求占据90%,这充分说明对境外高质量商品的需求,以及对产品质量和高质量商品的认知将是消费者的首要选择。结合上文调查,根据消费者对京东全球购、天猫国际、亚马逊直邮等购物网站的喜好也可以进一步确定,保证商品质量且能够提供完善售后服务的平台最受消费者青睐。也只有保证商品质量,才能成为企业立足的基础,才可能获得进一步的发展。

随着新《消费者权益保护法》的实施,消费者对自身权益的保护意识将更为强化,对境外商品的质量以及渠道要求也将进一步提升,这对企业提出了更高的要求。

最后是解决物流的痛点。调查中发现,在跨境电子商务消费者最不满意的地方中,物流占到了47%,而在让人满意的地方中,物流仅占5%。对消费者来说,优质的物流服务可以使购买范围扩大,到货时间缩短,到货安全率提升,极大地促进消费者的消费欲望。因此可以看出,物流是整个跨境电子商务行业的痛点,改善物流是提升用户体验的重要事项。

企业或者平台组建物流系统的难度很大,且因为专业化程度不够,在出入境的各项手续办理中也会衔接不畅,导致时间较长。企业可以选择与专业的跨国物流公司合作,由其为交易双方提供优质的服务,境内物流则比拼"最后一公里"配送服务。使得消费者购买境外商品的周期缩短；或者通过"保税区"商品的不断丰富减少报批环节及时间，使消费者可以在更多的商品中享受境内境外商品无时间差的体验。

7.6.3 人才培养方向

一个行业的发展需要众多人才。而跨境电子商务行业需要的人才应同时具备电子商务基因，并且擅长运营和海外供应链管控。对培养人才而言，并非单个企业可以完成，而是需要全社会共同关注。

首先是重新定位新的培养模式。近些年，应届毕业生的不足在于专业知识欠扎实、知识面窄、知识陈旧、敬业精神普遍低下、应变能力和实际问题解决能力差，而这些问题仅靠普通的课堂培养体系是无法达成的，所以在培养人才的战略上更应注重实际应用层面的训练。另外，目前我国各电子商务企业自身也在大力培养基础型的基层人才，而一些大型跨国电子商务平台企业，例如亚马逊、阿里巴巴和eBay则更注重培养多层次、中高端的运营人才。整个跨境电子商务领域的大型企业对于中高端人才的需求量非常大，可是国内的教育无法提供，所以未来要在培养模式上做调整，进一步"弱理论、强实践"，培养一批具有国际化视野，并且能够适应全球化市场的复合型人才。

其次是加强各高校和企业之间的交流。在基础人才培养方面，部分公司已经逐渐开展校企合作，通过与学校组织合作、提供实习机会等为在校学生提供实践机会，增加学生的实务经验，同时企业在需要临时用人的高峰期间招收大量实习生，以解决临时用工不足的问题。而临时用人高峰过去之后，实习生继续返回学校进行专业学习，以减少企业的人工费用支出。实习机会可以让学生迅速将专业知识与实务工作联系起来，可以清楚地了解工作岗位需要的知识技能，为学校教学方向、教育资源分配提供依据。这种校企共赢的方式势必成为人才培养的方向之一。

而高端及复合型人才的培养比较难。据了解，目前从事跨境电子商务行业工作的人均来源于传统的互联网公司、物流公司、外贸公司，许多公司进行跨境电子商务工作的人员全部来自原有公司团队，仅仅是工作内容发生了调整，这是由于整个行业全新，无任何既有资源可以利用造成的。熟悉供应链的人才可以进行供应链整合，熟悉各种语言的人才可以进行境外商务谈判，熟悉国际法律事务的人才可以为整个业务发展进行风险控制。目前关于人才培养，全部都处于摸索阶段。所以，在跨境电子商务人才培养方面应避免出现之前的社会热门及高校竞相开设课程，以及课程与实际脱节，学生进入工作岗位后全部从头来过的现象。应在一开始就保持科学、冷静的思路，进行实用性比较强的教学培养。同时，企业应加大人才培养投资，组织在职人员进行培训、交流。

最后需要加大人才之间的国际交流合作。跨境电子商务要走出去，除了进一步了解搭建跨境贸易本身的知识体系外,想要顺利开发国际市场,这需要一批专业知识强、实践能力强,并且熟悉各国的法律、文化和宗教信仰的高素质人才。所以,应让国内企业、高校和国外的留学生联动起来,建立跨境电子商务联盟,互通有无,通过高校培养、创业、运营等分批次分版块进行人才培养,从而推动全球跨境电子商务人才的发展。

7.6.4 品牌形象方向

加快跨境电子商务信用体系建设。任何企业在经营中都必须诚信经营,没有诚信作为交易的前提,市场秩序就会出现混乱,尤其是跨境电子商务,由于其交易平台是虚拟的互联网,且交易涉及不同的国家和地区,因此诚信建设更为重要。针对供给端售卖假冒伪劣商品等不诚信问题,政府和相关机构应协调配合,建设严格规范的信用体系。一方面,政府和相关机构可建设跨境电子商务信用公共服务平台,并提供政策、资金以及数据资源方面的支持。公共服务平台可以提供一系列的信用服务,如跨境贸易法律咨询、跨境电子商务主体身份识别、企业信用查询以及在线咨询服务等。另一方面,利用跨境电子商务平台严格把关,平台可以进一步完善对跨境企业的认证体系,针对卖方发布的商品信息、数量、质量进行严格把控和记录。同时,建立专用的诚信数据库,对跨境交易中的不诚信企业进行惩罚,并对重复弄虚作假的商家采取公告曝光、记入工商局黑名单等措施,从而为消费者提供更好的购物体验,为跨境电子商务营造良好的诚信交易环境。

7.6.5 服务建设方向

完善售后服务体系是跨境电子商务的后勤保障,完善的售后服务体系将给消费者带来愉悦的购物体验。电子商务以虚拟的网络交易平台为基础,不同于实体店交易,买卖双方无法实现面对面的交易。一方面,或因部分商家不能做到真正的诚实守信,或因产品自身的特殊性,商家对产品的描述很难做到真正意义上的全面;另一方面,由于网络平台自身的特殊性,消费者对商品的了解往往不够全面,收到的商品与预期相差较大。所以在交易的过程中往往会遇到各种问题,特别是产品质量问题,致使消费者在收到货物后对货物不满,若不妥善处理,将严重影响跨境电子商务企业的信誉而制约其正常发展。此外,货物或包裹在运输过程中的多次中转也会增加货物破损的风险。因此,跨境企业应着眼于消费者的切身利益,简化售后服务程序,对于诸如消费者退换货、消费者权益保障等问题,应建立完善的售后服务体系,保障消费者的合法利益。

以差异化服务满足个性化需求。在服务方面,要运用淘宝大数据做好客户分析,精准定位客户多样化的消费需求,塑造自己的核心竞争力,例如聚美急速免税店就打出30天无条件退货的口号,用超长的售后服务周期打消消费者的顾虑。

在商品供应方面,跨境电子商务企业应综合考虑各国的商品和消费需求特点,着眼于不同国家消费者的消费习惯和消费心理,放眼全球,开展特色商品专区服务,避免商品的同质化现象。例如,中国的丝袜、瓷器、清凉油等深受国外消费者的欢迎,因此可以设立中国特色商品专区;又如,日本的电子产品、澳洲的奶粉、巴西的咖啡、韩国的化妆品等在全球都具有较好的口碑,均可以根据各国品牌的知名度及消费者需求设立特色商品专区。特色商品专区的设立不仅为消费者提供了他们想要的特色商品,而且在很大程度上满足了消费者对各国商品的一站式购物需求。

面对跨境电子商务行业日趋激烈的竞争,企业可以利用好各国商品的优势,优化配置,努力造出一个具有多国特色的多样化电子商务平台,在满足各国消费者的多样化需求与购物体验的同时,也无形中提升了自身的竞争力。

7.6.6 国际视野方向

跨境电子商务与传统的电子商务有着很大的区别,传统的电子商务面对的只有国内市场,而跨境电子商务面对的是全球各个国家,海外的货源往往难以掌控。现阶段,企业跨境电子商务平台对商品的推介等软实力的不足、品牌塑造力的不够,也在很大程度上阻碍了跨境电子商务的规模化发展。针对这一问题,跨境电子商务企业可以多渠道推介商品,不再局限于电子商务平台。随着电子商务的深入发展,当今跨境电子商务企业已进入网络精准营销和多元化营销相结合的时代,各种社交平台的产生增加了商家与消费者的互动。企业可以根据消费者的不同特点通过社交平台建立不同的商圈,为产品的分享与推介提供基础,增加商品的知名度。

此外,我国中小企业应具备国际视野,作为面向全球的消费市场,不能仅仅局限在少数国家及少数品牌的商品上,应该放眼全球,深入拓展不同类型的海外市场,加大对消费者市场的调研与细分,积极推介国内外优秀品牌,增强软实力。

此外,还应加强与"一带一路"倡议沿线国家的合作。"一带一路"倡议沿线共涉及44亿人,占全球人口总量的63%,市场广阔。我国跨境电子商务企业应充分利用"一带一路"倡议的优惠政策,加强同沿线国家的贸易往来,扩大国外市场,进口优质商品,促进贸易额的增长。

出口跨境电子商务企业需要紧紧抓住这一政策,充分利用国内和沿线国家提供的优惠政策,在经济较为发达和海外需求较大的国家建立大型的海外仓,便于货物及时发出和交易成功,例如,有实力的出口跨境电子商务可以考虑单独和联合在俄罗斯的圣彼得堡建立一个海外仓,既可以享受到"一带一路"倡议合作国俄罗斯提供的较低的土地租用价格和便利的交通,同时由于圣彼得堡特殊的交通位置,可以将物流范围辐射到其他欧洲国家,有利于扩大欧洲的跨境电子商务市场。除此之外,也可以选择和主要沿线国家的跨境电子商务平台进行战略合作,启动多家网上贸易交易平台,搭建跨境电子商务服务网络,将出口产品融入当地市场。

进口跨境电子商务则可以利用较低的税率获得利润,同时直接从境外合作国基地进口产品,产品质量更有保证,例如印度的红茶、越南的沉香、泰国的银饰等。中国国内的消费市场也随着人们对生活品质越来越高的追求而变得更广阔。能够迎合国内消费需求,准确定位国内市场的进口跨境电子商务必然可以在享受政策红利的同时在竞争中不断壮大。

7.6.7 行业整合方向

加强平台之间的合作,共同解决物流难题。当前,出口跨境电子商务企业面临的主要难题是海外物流。实力较强的跨境电子商务企业或者跨境电子商务平台解决海外物流问题的方法主要是建立海外仓,但是对于实力较弱的中小出口电子商务企业和刚兴起的出口电子商务平台,由于资金薄弱而无法构建海外仓。因此,建议通过合作的方式解决这一难题。不同产品类别的电子商务平台可以在相同的目标市场所在地共同筹资建立共享海外仓。例如,两个出口电子商务平台分别从事服装服饰和户外产品,两个平台不具有竞争关系,但这两个平台的目标市场都是欧洲,且经济实力都不是非常强,那么这两个平台就可以考虑合作,共同出资建立欧洲的海外仓,以节约物流与时间成本,共同盈利。

合作同样适用于进口跨境电子商务企业解决物流问题。批量、定期从海外进口产品,也可以采用不同货物的组合。只要保证不具有竞争关系的商品的货源地来源于同一区域,就可以通过类似于"凑单"的形式批量进口,这种方式可以降低较为昂贵的国际运费和保税区可能带来的商品滞留问题。同时,物流行业也应积极进入保税仓和海外仓的领域以共同解决物流问题。物流企业可以在海外建立物流海外仓,尽管初期的成本可能较高,但是由于能建立海外仓的跨境平台较少,大部分的跨境电子商务还是需要依赖物流保证货物的运输,因此未来的收益会有更大的成长空间。现在,像国内实力强劲的顺丰等物流企业在海外就已经开始建立海外仓以保证物流的时效性。而物流行业和跨境电子商务平台之间的海外合作也是一个新的方向。

第 8 章
跨境电子商务营销趋势

知识导读

跨境电子商务是指分属不同关境的交易主体通过电子商务平台达成交易、进行电子支付结算,并通过跨境电子商务物流及异地仓储送达商品,从而完成交易的一种国际商业活动。跨境电子商务是基于网络发展起来的,网络空间相对于物理空间来说是一个新空间,是一个由网址和密码组成的虚拟但客观存在的世界。网络空间独特的价值标准和行为模式深刻地影响着跨境电子商务,使其不同于传统的交易方式而呈现出自己的特点。跨境电子商务作为推动经济一体化、贸易全球化的技术基础,具有非常重要的战略意义,它使国际贸易走向无国界贸易,同时正在引起世界经济贸易的巨大变革。

学习目标

- 了解跨境电子商务营销
- 了解跨境平台
- 了解跨境卖家

能力目标

- 理解电子商务平台的作用
- 理解电子商务平台的类别
- 理解电子商务卖家的竞争力

8.1 三浪叠加孕育历史机遇,国货出海迎来新格局

8.1.1 三浪叠加孕育国货出海历史机遇

我国跨境电子商务企业的出海发展得益于三点:一是国内人才红利接力人口红

利;二是海外电子商务平台崛起;三是产品迭代周期加速。海外电子商务渗透率的提升打开了市场需求,为国货出海竞争创造了机会。另外,企业通过大数据实现了对消费者需求的感知、分析及预测,从消费者需求出发,推动产品的加速迭代。与此同时,我国正在进行供给侧结构性改革,人口红利转向人才红利,推动我国产业由劳动力密集型转型为技术密集型,未来出海的国货标签将由"高性价比"逐步变为"高端化""品牌化"。图 8-1 所示为三浪叠加下的历史机遇。

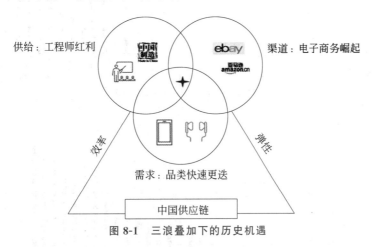

图 8-1　三浪叠加下的历史机遇

8.1.2　人才红利接力人口红利,中国制造竞争力不断提升

未来我国适龄劳动力总量将迎来负增长,就业人口受教育程度不断提高,人才供给将由紧转松。随着高素质人才不断涌入金融、信息技术、互联网、高端制造等行业,未来中国将享受人才红利带来的价格优势及产品优势。

高质量人才队伍规模不断扩大。自 1977 年以来,我国累计接受高等教育(含专、本、硕、博、留学回国)的毕业生数接近 1.2 亿人,如图 8-2 所示。其中,25~64 岁年龄圈层的高等教育渗透率由 2012 年不足 5%提升至 12%。虽然较发达国家 30%以上的渗透率仍有较大差距,但是由于我国拥有人口基数优势,未来受教育人数的绝对量将保持全球领先。

青年人口高等教育渗透率不断提升。2019—2020 年我国高等教育毛入学率从 28%提升至 51%,如图 8-3 所示,提前完成"十三五"规划制定的 50%目标,与欧美发达国家(60%~80%)的差距进一步缩小。根据中国高等教育学会的研究,到 2030 年,预计我国高等教育毛入学率将达到 60%。

到 2030 年,预计我国接受高等教育人数将达到 2.3 亿人次,处于全球领先水平。我国本/专科在校生数约 3000 万人,美国约 1670 万人,如图 8-4 和图 8-5 所示。根据联合国人口预测,2030 年我国 18~22 岁年龄圈层人数约 8400 万人,按照 60%毛入学率测算,2030 年在校生数约 5040 万人。按 2019 年高等教育毕业率 96%进行测算,

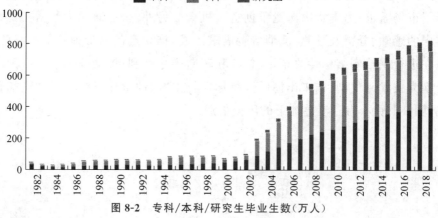

图 8-2 专科/本科/研究生毕业生数(万人)

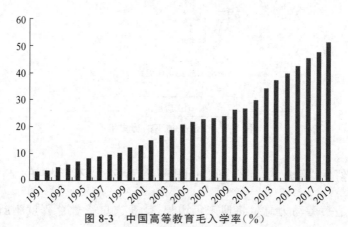

图 8-3 中国高等教育毛入学率(%)

注：毛入学率＝当年高等教育在读人数/(18～22 岁)人口数 * 100%。

2020—2030 年期间,我国共计新增高等教育毕业生 1.1 亿人,到 2030 年累计接受高等教育人数将达 2.3 亿人次,在绝对规模上将处在全球领先水平。

高质量人才队伍培养与资本投入增加推动技术创新,助力产品升级。2019 年,我国专利申请受理数突破 400 万,2009—2019 年复合增速达 16%,如图 8-6 所示。2009—2019 年,我国创新研发出现井喷式增长的原因在于：一是人才数量的增长及人才质量的提升;二是研发投入的增加。随着技术层面的不断突破,当前中国制造已经在某些中端及次高端产品上具有优势,未来将持续在中高端领域取得领先,并逐步向高端产品进军。

从需求端看,2009—2019 年就业人口总量企稳,第一产业、第二产业就业人口向第三产业转移。这 10 年,我国就业人口总量保持在 7.7 亿人左右,随着人口老龄化、低生育率问题加剧,未来我国就业人口总量或将迎来负增长。从结构上看,我国在经历了工业化浪潮、制造业转型之后,第三产业吸纳了大量劳动力,就业规模逐步扩张,2019 年就业人口占比接近 50%。

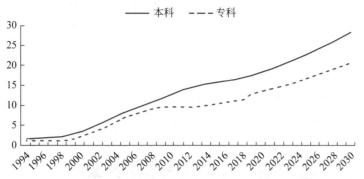

图 8-4 中国本/专科实际在校人数及预计在校人数(百万人)

注:在校生人数根据60%毛入学率预测。

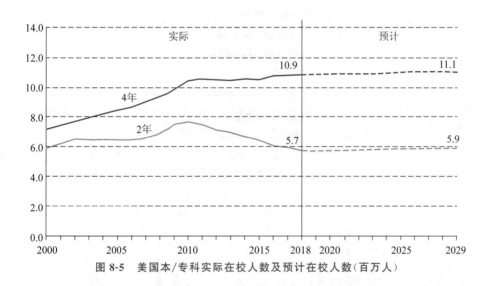

图 8-5 美国本/专科实际在校人数及预计在校人数(百万人)

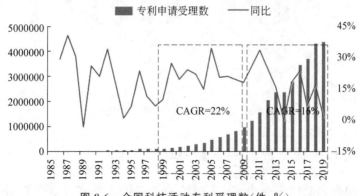

图 8-6 全国科技活动专利受理数(件,%)

第8章 跨境电子商务营销趋势

需求企稳,高质量人才供给快速增长,热门行业人才供给由紧转松,人力成本下降。2013—2018年,第二、三产业中的金融、信息技术服务、科研行业、计算机、通信、电子设备制造业人员规模占比较高,受行业景气度与薪资水平影响,吸纳了大量的高质量人才,如图8-7所示。根据58同城发布的《2020高校毕业生就业报告》显示,上述行业依旧是应届毕业生在择业时的首选热门行业。随着热门行业的供需关系改变,行业内岗位竞争加剧,企业用人成本将逐步下降,如图8-8所示。

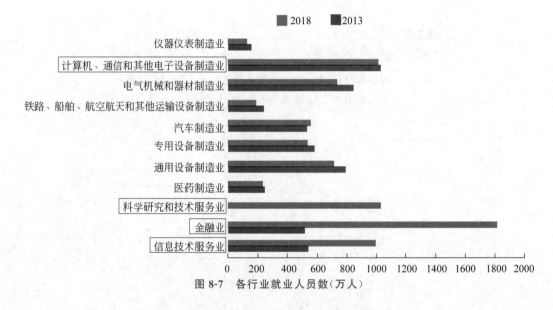

图8-7 各行业就业人员数(万人)

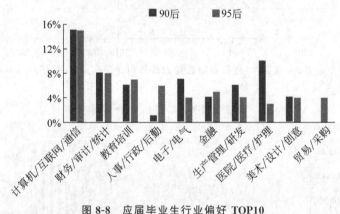

图8-8 应届毕业生行业偏好TOP10

8.1.3 需求增长来源于产品的创新及迭代加速

科技进步助推产品创新与升级,从而拉动消费需求的增长。将产品的推陈出新拆开看,实际蕴含了两种类型的创新:①已有品类的升级迭代,催生产品的替换需求,如智能手机、新能源汽车、无线耳机等;②新品类或产品的出现拉动新需求增长点,如

VR/AR 设备、消费级无人机、智能机器人。随着线上渠道搭建的不断完善,消费者与商家之间的沟通将更加高效,以消费者需求为起点催生的产品创新将会不断加速。

以 iPhone 系列产品为例,智能手机迭代速度正不断加快。回顾 iPhone 系列产品,从 2007—2012 年的单年度一款新机型逐渐加速到单年度 2~3 款新机型,再到 2020 年单一年度推出 4 款机型。在容量及颜色的选择上,也随着消费者的需求不断寻求改变,大容量、多颜色选择已成为消费者对智能手机的硬性要求。另外,在屏幕、摄像头、处理器、操作系统、配套软件的选择上也都随着消费者的需求不断推陈出新。

8.1.4 电子商务平台提升商家与消费者沟通效率,突破场景局限拓展价值

海外电子商务平台搭建逐步完善,电子商务渗透率仍有提升空间。2020 年全球网上实物商品零售渗透率达到 17%,如图 8-9 所示,较中国接近 30% 的渗透水平仍有较大差距。未来,随着千禧一代逐渐成为消费主力军,海外市场网购渗透率将不断提升。

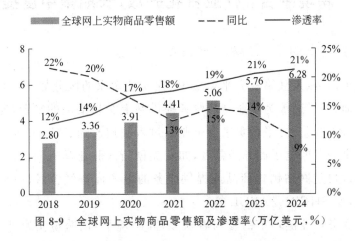

图 8-9　全球网上实物商品零售额及渗透率(万亿美元,%)

电子商务平台通过数据串联人、货、场,提升信息交互效率。电子商务平台通过数据对消费者(人)、消费场景(场)、消费倾向(货)进行识别、分析及预测,在企业与消费者之间搭建高效沟通渠道,提供交易、交付、交互场景服务支持,如图 8-10 所示。以天猫为例,企业通过消费及站内搜索数据分析消费者的需求偏好,同时将消费者偏好快速反馈到产品端,在精准选品的同时满足用户需求。国内企业在线上运营方面已积累了成熟的经验,随着海外电子商务渗透率的提升,企业有望将国内成熟经验复制、输出至海外市场。

电子商务突破线下购物场景局限、扩充 SKU、打破地域限制。对消费者来说,电子商务平台提供了商品多样性、商品的信用背书以及同质商品较线下具有价格优势,而对供货商来说,突破了品类数量、消费者地域分布以及消费场景等局限性。供货商

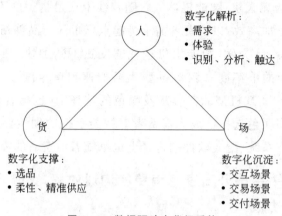

图 8-10　数据驱动人货场重构

与消费者认可电子商务平台创造的价值并为此支付服务对价,产生黏性,从而吸引更多的消费者与供货商加入。

8.2　跨境平台:行业百花齐放,长期集中度提升

8.2.1　平台型电子商务、品牌独立站百花齐放

平台型电子商务、入驻第三方平台卖家、独立站卖家的区分如下:平台型电子商务是指如速卖通、亚马逊等为企业与消费者提供网上交易洽谈的平台,通过撮合交易赚取佣金报酬;入驻第三方平台卖家指企业通过入驻速卖通、亚马逊等第三方平台的销售商品或提供服务的电子商务经营者,如安克创新入驻亚马逊商城销售商品;而独立站卖家指通过自建网站销售商品或提供服务的电子商务经营者,通常拥有具有独立域名的网站,如 SHEIN、ZAFUL 等。

跨境电子商务产业链环节的参与者众多,除跨境平台、跨境卖家外,还有跨境服务商。其中,平台及卖家可按照进出口、2B/2C 两个维度进行划分,跨境服务商可分为支付服务商、物流服务商两类。

跨境出口电子商务的规模约为 8 万亿元,占跨境电子商务 80% 的市场份额,其中,B2B 模式下以平台型电子商务为主,如阿里巴巴国际站、敦煌网等。B2C 模式下,平台与自建站百花齐放:除亚马逊、速卖通、eBay、Wish 等大型平台外,也有安克创新、傲基科技、有棵树等依托第三方平台成长的超级卖家;另外,独立自建站如 Jollychic、SHEIN 等通过精细化引流及差异化运营也在海外取得了成功。

跨境进口电子商务的规模约为 2 万亿元,以平台型电子商务为主,市场份额较为集中,其中,B2C 进口方面,阿里旗下的天猫国际与考拉国际是 B2C 进口的龙头企业,第二梯队平台如京东、苏宁、唯品会等竞争激烈,如图 8-11 所示。

图 8-11 中国跨境电子商务产业链图谱图

当前,海外电子商务市场集中度较低,中小独立站与龙头电子商务平台之间竞争激烈。由于飞轮效应的存在,未来海外电子商务市场将进一步向龙头电子商务集中,更多的跨境卖家将通过入驻第三方平台实现出海销售,但是一些具有差异化竞争优势的中小独立站卖家也会脱颖而出。

8.2.2 出口电子商务市场竞争格局分散,市场集中度有望进一步提升

海外电子商务市场中,中小平台市占比超60%,龙头集中度较低。2020年全球电子商务 GMV 为 34 万亿美元,将境内电子商务交易数据剔除后,亚马逊、淘系、eBay 的市场份额分别为 22%、5%、5%,头部平台市场集中度较低,中小型电子商务平台及自建站占据主流,如图 8-12 所示。其原因主要在于海外电子商务市场尚处在高速发展阶段,电子商务平台均可享受线下消费向线上转移阶段带来的流量红利。

美国电子商务集中度较中国仍有较大提升空间,2018年中国电子商务 TOP5 市占率已超过 80%,而美国 CR10 不足 60%。头部电子商务平台比较,阿里巴巴市占率为 58%,亚马逊在美市占率仅 45%,集中度较中国相比仍然分散,未来还有较大的提振空间,如图 8-13 所示。长期来看,海外电子商务市场还将进一步向龙头电子商务聚拢,引流成本的不断提升将进一步挤压中小电子商务的市场空间;中短期来看,实施差异化、精细化运营策略的中小电子商务仍将具有发展潜力。

8.2.3 搜索、社交红利期褪去,龙头电子商务占据流量入口

中小平台、品牌独立站抓住流量红利机遇快速发展。2000年年初,谷歌占据了

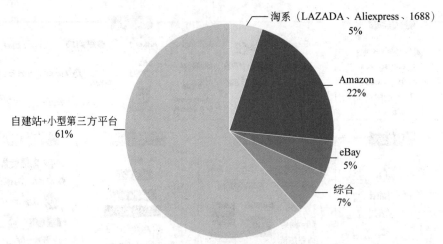

图 8-12　全球电子商务平台非中国市场份额（剔除中国市场 GMV）

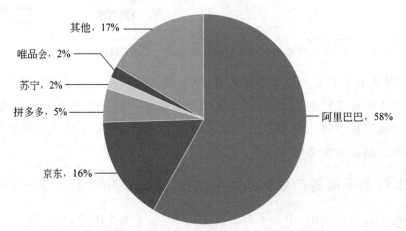

图 8-13　2018 年中国主要电子商务平台市占率

PC 端流量入口，消费者缺乏平台意识，习惯通过搜索引擎寻找商品信息。与此同时，电子商务平台、独立站通过 Google SEO、Google Ads 提高网站曝光度进行引流。这一时期，行业尚未出现龙头公司，各电子商务平台主打低价折扣、长尾商品，服务意识匮乏，商品同质化严重，如图 8-14 所示。

注重服务、品类扩张、平台开放驱动亚马逊脱颖而出。2000—2010 年，亚马逊与其他电子商务平台同样依靠搜索引擎引流，通过线上图书这单一品类获得消费者青睐，在获得口碑与流量之后，通过开放第三方平台（Marketplace）、商品品类扩充开启全品类线上商城探索。与此同时，亚马逊推出会员体系（Prime），强调消费者服务与商品品质，在各类电子商务平台中脱颖而出。2012 年，亚马逊推出全球开店计划，吸引中国卖家入驻，结合中国制造业的优势与自身平台的流量优势实现了业务规模的快速扩张。

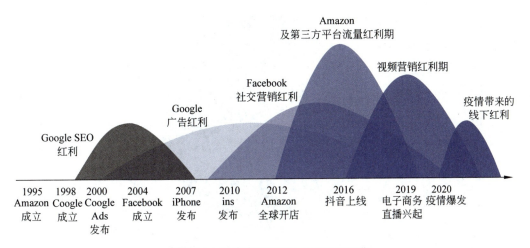

图 8-14 全跨境商家的六大流量红利期

注：SEO 指搜索引擎优化，利用搜索引擎的规则提高网站在有关搜索引擎内的自然排名。

亚马逊成为美国购物搜索的起始点，占据了流量入口。Bloomreach 调研数据显示，2016 年有 55％的美国网购用户会首先在亚马逊上搜索心仪商品，这一比例较 2015 年提升 11％。中小电子商务平台由于缺乏流量入口、引流成本不断抬升，未来将面临用户及供应商规模下降、成本抬升、利润下滑，行业将进一步向龙头平台集中。

长期来看，海外电子商务市场集中度将进一步提高。中小型电子商务平台缺乏对流量的掌控以及同质化竞争加剧，引流成本抬升，而头部电子商务平台依托规模优势、资金优势、用户黏性将进一步扩大市场份额，海外电子商务市场竞争格局将逐步清晰。部分实施精细化、差异化战略竞争的中小平台仍将具有结构性机会，虽然在流量成本上不占据优势，但是可以通过品牌与服务占领客户心智，提高复购率以平滑引流成本。

8.2.4 跨境进口竞争格局稳定，淘系是跨境进口龙头

淘系是我国跨境电子商务进口的绝对龙头。数据显示，2019 年淘宝收购网易考拉之后，淘系在跨境电子商务进口市场中已成为绝对龙头。从市占率来看，淘系（天猫国际＋网易考拉）占据我国跨境电子商务进口 52.10％的市场份额，京东国际（15.10％）、唯品国际（10.50％）分列二、三位，如图 8-15 所示。

淘系跨境电子商务产业链布局不断完善。阿里巴巴国际站是阿里旗下最早的跨境交易平台，主营 B2B 出口业务。随后阿里转向 2C 跨境市场：2010 年成立速卖通，开拓 B2C 出口业务；2014 年成立天猫国际，开启 B2C 进口业务；2016 年收购东南亚最大的电子商务平台 Lazada，将国内电子商务运营经验输出东南亚市场；2019 年收购网易考拉，深度布局 B2C 进口市场，考拉与天猫国际合并后，阿里系已成为国内跨境

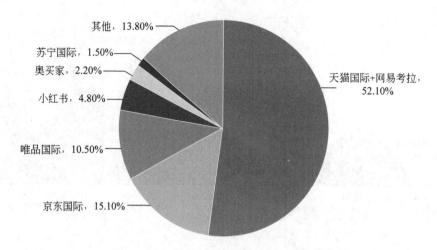

图 8-15 国内跨境 B2C 进口平台市场份额

注：收购前，天猫国际市占率约 26%、网易考拉市占率约 25%。

B2C 市场的龙头。

8.3 跨境卖家：打造垂直精品电子商务，构筑核心竞争力

跨境卖家集中度低，商品同质化严重，依靠赚取差价的模式在价格战的竞争压力下难以为继。无论是通过入驻第三方平台还是自建独立站，跨境卖家只有坚持走垂直精品电子商务路线，缩减 SKU，在产品力、渠道力、品牌力等方面取得差异化竞争优势，方能走出当前的同质化竞争困境。

8.3.1 打造产品力、渠道力、品牌力，垂直精品电子商务走出同质化竞争困境

低门槛导致跨境电子商务卖家竞争激烈。2018 年，我国超半数跨境卖家的资金规模不足 30 万美元，资金规模在 1000 万美元以上的卖家不足 3%。主流第三方平台（亚马逊、阿里系、eBay 等）针对新手卖家"从 0 到 1"的服务体系逐步完善，SaaS 服务商（如 Shopify）可提供全流程的自建电子商务网站服务。

打造产品力、渠道力、品牌力，垂直精品电子商务走出同质化竞争困境。传统的差价套利模式不能形成良性循环，因此中国制造品牌化出海将是未来趋势，而国产品牌出海的竞争力来源于产品质量的提升、成熟的线上渠道运营经验及消费者对国内品牌的信任度提升。

8.3.2 大赛道下的精耕细作，打造自身产品力

垂直精品模式是通过对若干细分品类产品的持续升级迭代激发特定圈层消费者

的购买欲望,泛品铺货模式则注重 SKU 拓展,满足具有不同需求的消费者的购买欲望,如图 8-16 所示。

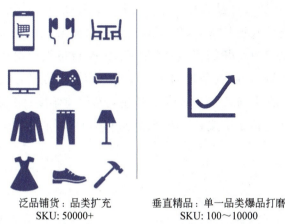

泛品铺货:品类扩充　　　垂直精品:单一品类爆品打磨
SKU: 50000+　　　　　　SKU: 100~10000

图 8-16　泛品铺货与垂直精品的对比

垂直精品模式注重细分品类的持续研发创新。①选取大赛道下的细分蓝海市场:垂直精品电子商务相较于泛品铺货电子商务产品更为聚焦,应选取具有较大市场空间的垂直领域,通常以消费电子、服装品类作为切入点,在大赛道下寻找市场竞争较为不充分、自身具有比较优势的细分子行业深耕细作。②注重产品研发创新与品牌塑造:垂直精品电子商务善于发现消费者的痛点需求,将需求反馈到设计端,通过研发创新打磨自身的产品力,并通过产品的不断快速升级迭代占领消费者心智。

泛品铺货模式注重整合供应链、扩张品类以满足消费者需求。①全品类扩张,增加长尾商品:由于消费者偏好的差异性以及不确定性,通过扩充 SKU 满足消费者的不同偏好。②强调供应商的整合能力,在供给端满足全品类扩张需求:泛品铺货卖家通过不涉及生产制造环节,消费者下单后将订单反馈到代工厂或贴牌厂安排发货,强调对上游供应链的整合能力。

8.3.3　独立站:精细化营销打造渠道力与品牌力

GMV 由用户数与单一用户支出额决定,其中,消费频次、客单价决定单用户支出额,存量客户、增量客户决定用户数。消费频次与客单价受商品的客观属性影响较大,如 PC 类通常具有高客单价、低消费频次特性,而快消类服装往往受季节性、潮流趋势改变影响,属于低价高频消费品,主观因素对频次及客单价的影响较弱。而用户留存、新客户获取更能体现商家对线上流量的运营能力,卖家在第三方平台开店与自建站的选择实际上是对获客能力、获客成本以及存量用户运营能力的考量。

自建独立站需要投入更高的推广宣传费,用于外部流量获取,入驻第三方平台可以通过支付平台费用换取平台内部流量。自建独立站电子商务与入驻第三方平台在广告宣传费率与平台费率上表现出明显差异,独立站电子商务缺少第三方平台提供的自然流量,需要投入更高的对价以获取非自然流量。

  精细化渠道引流,通过产品力提高用户复购率,精品独立站走出流量困境。从整体渠道推广费用率与营收增长来看,传统第三方平台卖家向精品独立站转型成功,低渠道推广费用带来高营收增长回报,原因在于:①平台虽然能提供自然流量,但是商品同质化竞争逐渐加剧,产品竞争转向价格竞争;②第三方平台拥有较高的话语权,通常比较强势;③SaaS服务商的出现降低了独立站创建难度;④外部引流渠道创新,搜索引擎引流转向社交营销引流;⑤用产品力占领消费者心智,提升用户复购率以平滑引流成本。